Le salut de l'arrière-pays

Figures légendaires, récits imaginaires et humour crucifère du Nord de l'Ontario

Du même auteur

De face et de billet, Sudbury, Éditions Prise de parole, 2002, 249 p.
Bozo l'orignal vampire, roman jeunesse, Sudbury, à compte d'auteur, 2008, 63 p.
Flagabou l'enfantôme et la bombe à bonbons, roman jeunesse, Sudbury, à compte d'auteur, 2009, 58 p.

*Cinquante exemplaires de cet ouvrage
ont été numérotés et signés par l'auteur.*

LE SALUT DE L'ARRIÈRE-PAYS

FIGURES LÉGENDAIRES,
RÉCITS IMAGINAIRES
ET HUMOUR CRUCIFÈRE
DU NORD DE L'ONTARIO

Collectif
sous la direction
de Normand Renaud

Éditions Prise de parole
Sudbury 2010

Catalogage avant publication de Bibliothèque et Archives Canada
Le salut de l'arrière-pays: figures légendaires, récits imaginaires et humour crucifère du Nord de l'Ontario / sous la direction de Normand Renaud.

Basé sur une série d'émissions radiophoniques diffusées en 2004-2005 à l'occasion du 25ème anniversaire de la station de radio CBON.

ISBN 978-2-89423-246-0

1. Canadiens français – Ontario (Nord) – Biographies. 2. Radio communautaire – Ontario (Nord). 3. Ontario (Nord) – Anthologies. I. Renaud, Normand, 1956-   . II. CBON (Station de radio: Sudbury, Ont.)

FC3094.8.F85S35   2010   971.3'1004114   C2010-906799-1

Distribution au Québec: Prologue • 1650, boul. Lionel-Bertrand • Boisbriand (QC) J7H 1N7 • 450-434-0306

 Ancrées dans le Nouvel-Ontario, les Éditions Prise de parole appuient les auteurs et les créateurs d'expression et de culture françaises au Canada, en privilégiant des œuvres de facture contemporaine.

La maison d'édition remercie le Conseil des Arts de l'Ontario, le Conseil des Arts du Canada, le Patrimoine canadien (programmes Développement des communautés de langue officielle et Fonds du livre du Canada) et la Ville du Grand Sudbury de leur appui financier.

Œuvre en page de couverture: Christian Pelletier, *L'hiver approche*, photographie et retouche par l'artiste
Conception de la page de couverture et mise en pages: Olivier Lasser

Tous droits de traduction, de reproduction et d'adaptation réservés pour tous pays.
Imprimé au Canada.

Copyright © Radio-Canada, sauf pour les textes suivants:
«Watershe», de Céleste Dubé, «La parade», de Danièle Vallée, «Madame Fillion», de Guylaine Tousignant, «L'hurluberlu d'Earlton», de Gaston Tremblay, «Sabine au fonds des bois», de Marguerite Andersen, «Tout feu tout flamme», de Richard Léger, «Avance», de Robert Dickson et «Tamara de Fauquier», de Melchior Mbonimpa.

Éditions Prise de parole
C.P. 550, Sudbury (Ontario) Canada P3E 4R2
http://pdp.recf.ca

ISBN 978-2-89423-246-0

NOTE DE L'ÉDITEUR

Nous sommes au tout début de l'année 2003. J'avais été invitée par Alain Dorion, alors directeur de la station CBON, la Première Chaîne de Radio-Canada dans le Nord de l'Ontario, à une rencontre autour d'un projet dont il m'avait donné peu de détails. Je me souviens simplement qu'il souhaitait mettre en place quelque chose de spécial pour souligner le 25e anniversaire de CBON, et qu'il m'avait communiqué son enthousiasme.

Je me suis donc retrouvée autour de la table, dans son bureau, avec Alain Dorion et Normand Renaud, l'initiateur-idéateur du projet. Et c'est *Le salut de l'arrière-pays* qu'ils ont exposé devant moi.

Projet auquel j'ai immédiatement adhéré. Pour l'intelligence et la finesse de sa formule, pour ses objectifs, de révélateur de la richesse qu'ont à offrir les communautés du Nord de l'Ontario. Tout ça dans une formule ambulante: des émissions enregistrées en direct devant public dans chacune des communautés retenues.

Outre les artisans de Radio-Canada, le projet mettrait à contribution des auteurs de l'Ontario français pour la création des contes littéraires.

Les Éditions Prise de parole ont donc plongé avec grand bonheur dans cette aventure. Nous avons obtenu du Conseil des Arts du Canada le financement requis pour recruter les auteurs des contes littéraires; nous avons également réussi à intéresser la Fondation Langellier de la Société Saint-Jean-Baptiste à ce projet. Que ces deux organismes soient remerciés.

Le salut de l'arrière-pays, « petit café ambulant, littéraire et chantant », a pris la route le 20 février 2004, direction Gogama. Suivront Verner, Chapleau, Earlton, Iroquois Falls, Spanish, Sturgeon Falls. Dernier arrêt, Fauquier, 4 mars 2005.

L'aventure se poursuit grâce au livre que vous tenez entre vos mains. Grâce aussi, à un disque que Stéphane Paquette termine en ce moment, que je vous invite également à découvrir.

À tous les créateurs et artisans qui ont contribué au succès du *Salut de l'arrière-pays*, je dis un grand, grand merci!

denise truax
Éditions Prise de parole

PRÉFACE

Le salut de l'arrière-pays :
contes et légendes du Nord
de l'Ontario

Gogama, Verner, Chapleau, Earlton, Iroquois Falls, Spanish, Sturgeon Falls et Fauquier... autant de petites communautés du Nord de l'Ontario qui ont inspiré une légende — c'est à dire l'histoire d'un héros populaire — et un conte, dont la toute première présentation a été sous la forme d'une soirée communautaire avec des chansons originales et de l'humour satirique. Mais avant d'être le recueil de textes que vous tenez entre les mains, *Le salut de l'arrière-pays* a aussi été une série de huit émissions radiophoniques produites par CBON, la Première Chaîne de Radio-Canada dans le Nord de l'Ontario. Normand Renaud, le concepteur du projet, dit s'être inspiré de *Vinyl Café* de Stuart McLean (CBC Radio One) et *A Prairie Home Companion* de Garrison Keiller (Minnesota Public Radio), deux émissions radiophoniques très populaires et respectées qui misent sur la narration et la fiction ainsi que sur l'engagement envers les communautés non métropolitaines. Enregistrées devant public entre le 20 février 2004 et le

4 mars 2005, et diffusées dans la semaine suivant leur captation, ces soirées ont permis de réunir, par la magie des ondes, non seulement les gens des huit communautés visitées, mais tout le Nord de l'Ontario. La qualité de cette création radiophonique a été remarquée. En juin 2004, avec l'émission enregistrée à Verner, *Le salut de l'arrière-pays* a remporté devant 33 concurrents le prix de la meilleure émission régionale lors de la remise des Prix de la radio 2003-2004 de Radio-Canada à Montréal. Le jury — composé de Jean-Pierre Desaulniers (président), professeur au département des communications à l'Université du Québec à Montréal, Richard Joubert, animateur de Radio-Canada à la retraite et Martine Thériault, coordonnatrice de RADAR, le Réseau atlantique de diffusion des arts de la scène —, a justifié son choix comme suit : « Le Salut de l'arrière-pays sait bâtir un lien exceptionnel entre la tradition et la modernité. Il n'enfouit pas la région dans une complaisance nostalgique, mais dégage de vrais liens entre la liberté des premiers défricheurs et la liberté des vrais communicateurs que sont les membres de cette équipe de radio. Un concept solide, bien pensé, des objectifs réels de développement social, un vent d'impertinence et une joie rafraîchissante. Bref, un monde en santé. »

Ancré dans son milieu et engagé envers sa région, le projet souhaitait exprimer une prise de conscience régionale face au déclin démographique. Il se voulait une réponse à la difficile situation socioéconomique du Nord de l'Ontario où plusieurs communautés dépendent d'une industrie forestière en déclin et où l'on assiste, impuissant, à l'exode des jeunes vers les grands centres avec l'espoir de trouver un emploi et un avenir. Devant le déclin économique et démographique, il n'était pas question, pour Normand Renaud, de baisser les bras. Chaque soirée — «un petit café ambulant, littéraire et chantant», comme l'annonçait l'animateur en guise d'introduction —, puis chaque émission ont affirmé le dynamisme et la richesse de l'imaginaire de chacune des huit communautés. Dans un tel contexte, généreux, dynamique et innovateur, l'expression «vitalité régionale» prenait tout son sens. Ainsi, pour parvenir à ces fins, *Le salut de l'arrière-pays* a eu recours à l'histoire, à l'humour, à la chanson et à la littérature, en particulier à la légende et au conte. De toute évidence, dans l'esprit de son concepteur et de ses artisans, les formes de la littérature orale étaient celles qu'il fallait mettre à contribution pour intervenir efficacement dans le contexte socioéconomique qui les préoccupait.

Huit légendes de Normand Renaud

Dans chaque communauté visitée, Normand Renaud a choisi — ou plutôt déniché! — un homme plus grand que nature, dont il a fait un héros, bien que, de son aveu même, les personnages aient été retenus davantage pour leurs qualités romanesques que leurs qualités morales. Car, «[q]uand *Le salut de l'arrière-pays* visite un village, c'est pour trouver dans son histoire un symbole de ses richesses humaines, qui valent plus encore que ses richesses naturelles. C'est pour y chercher des images et des personnages qui puissent rappeler un passé dont l'avenir pourrait se nourrir», clamait l'animateur. Il n'y a pas d'avenir sans passé et sans mémoire. Ces huit portraits s'appuient donc sur des témoignages et des documents, des sources orales et écrites. Au dire de l'auteur, ces portraits ne comportent aucune invention de sa part; toute affirmation factuelle au sujet des personnages vient de ses sources et aucune n'a été inventée pour bonifier le récit. Mais s'ils sont tous bien ancrés dans le réel, ils sont aussi magnifiés par le temps — sept des huit héros appartiennent au passé — ainsi que par la verve de Normand Renaud qui amplifie leur présence, si bien qu'ils deviennent rien de moins que des personnages légendaires. N'est-ce pas là la définition même de la légende, qui suppose un fait historique ou réel qui est par la suite amplifié par l'imagination populaire? Les personnages qui ont retenu l'attention de Normand Renaud sont donc légendaires par leur source dans le passé, mais aussi par leur résonnance dans la conscience.

Ainsi, Gogama se voit représenté par Jos Laflamme — «*the Wolfman of the North*» — un «indompté», un «esprit libre» qui fascine par la force de son caractère délinquant, un dompteur de loups dont la grande célébrité de son vivant est aujourd'hui presque oubliée. À Verner, le père Charles Alfred Paradis, «prêtre rebelle, justicier fougueux, colonisateur visionnaire, tempérament volontaire, brasseur de m... mémorables controverses», est inspirant parce qu'il a osé avoir pour le Nord de l'Ontario des rêves qui ne cadraient pas avec les volontés des autorités et parce qu'il a résolument tenu tête à ses détracteurs. À Chapleau, c'est un personnage de roman, François Duvalet — l'émigré français qu'imagine Maurice de Goumois — , qui fait ressentir l'emprise qu'a exercé sur les esprits le pays neuf nord-ontarien, «un monde régénéré, débarrassé de toute contrainte, où un homme n'est que ce qu'il est, et non pas QUI il est» (et dont le récit fait porter à Chapleau une auréole littéraire plus pertinente que celle que lui donne Louis Hémon, dont le seul rapport avec cette ville est sa mort accidentelle en ce lieu). À Earlton, c'est l'homme fort Wilfrid Paiement qui séduit par la convergence de sa force physique, de sa personnalité attachante et de son dynamisme de bon vivant. À Iroquois Falls, c'est un homme du présent, engagé auprès de sa communauté, qui est devenu un modèle : Denis « Bine » Lachapelle incarne si franchement et généreusement le père Noël que la figure mythique et l'homme bien réel se confondent. À Spanish, les recherches de Renaud au musée local lui ont permis de découvrir Jules Couvrette, un conteur d'histoires invraisemblables uniques en leur genre qui impressionnent parce qu'elles survivent jusqu'à nos jours dans la tradition orale locale alors que le souvenir de l'homme lui-même est oublié. À Sturgeon Falls, le père Joseph Eugène Marchand — « le gros père Marchand » —, vicaire de la paroisse Sacré-Cœur, s'est imposé par l'improbable mélange de son imposante corpulence, de sa personnalité sans prétention et de son humour populacier, qualités qui ont su humaniser tout à fait les valeurs de l'Église. Enfin, à Fauquier, Bucko (Lucien) Beauchamp, un bûcheron dont l'habileté extraordinaire a été remarquée dans tous les chantiers où il est passé, de Smooth Rock Falls à Thunder Bay, fascine du fait que ce petit homme est tout le contraire du stéréotype du bûcheron à la Paul Bunyan : « Il n'avait pas besoin d'être grand, notre géant. Il était Bucko Beauchamp. »

En faisant sortir de l'ombre ces « remarquables oubliés » — bien avant ceux de Serge Bouchard —, Normand Renaud a rassemblé une galerie de personnages dont l'effet inspirateur est d'autant plus frappant que leurs portraits font souvent fi des figures attendues et des valeurs traditionnelles, garantes de la cohérence sociale. Ce faisant, l'auteur a répondu originalement à l'impératif que Charles Nodier lançait au XIXe siècle : « Hâtons-nous de raconter les délicieuses histoires du peuple avant qu'il ne les ait oubliées. »

Huit contes d'auteurs franco-ontariens

Si les légendes de Normand Renaud permettent de faire sortir des personnages de l'oubli et de les ériger en modèles de personnalités indépendantes et originales, les huit contes inspirés de chacune des communautés visitées font émerger des thèmes humains qui découlent des milieux périphériques aux prises avec l'exode démographique. Plusieurs des contes mettent en scène des jeunes qui auraient voulu ou qui voudraient vivre dans le Nord de l'Ontario, mais qui ont dû quitter leur région faute d'emploi ; d'autres, au contraire, montrent le trajet d'un jeune qui renoue avec le Nord ontarien ou qui adopte cette communauté en partant d'ailleurs. Ce dont tous ces contes nous convainquent, c'est qu'il fait bon vivre dans le Nord de l'Ontario, au contraire de ce que l'exode de la population peut faire croire. Le conte, cette « parole rassembleuse » parce que publique, est on ne peut mieux choisi comme moyen pour nous toucher. Huit auteurs franco-ontariens se sont prêtés au jeu de la parole conteuse mise au service de la cause régionaliste. La seule contrainte était qu'ils devaient passer quelques jours dans la communauté dont ils allaient s'inspirer pour écrire leur conte. On retrouve ainsi dans chaque texte un ancrage spatial qui met littéralement en scène le lieu d'où l'on parle, qu'il s'agisse d'un nom de rue, du magasin du coin, du numéro d'une route, etc., bref, qui fait que l'on s'y reconnaît. Chacun était libre d'orienter son récit comme bon lui semblait, tout en connaissant le contexte de l'émission dans laquelle il devait s'insérer, soit l'évocation du déclin démographique et économique et le lien à renouer entre les réalités prometteuses d'hier et les réalités inquiétantes d'aujourd'hui.

Ainsi, « Wathershe » de Céleste Dubé, qui s'est inspirée de Gogama, met en scène une jeune fille qui souhaite quitter sa petite communauté où elle étouffe, mais qui finit par prendre conscience que son destin était de rester à Gogama et d'y connaître un vrai bonheur. « La parade » de Danièle Vallée, qui s'inspire de Verner, nous ramène dans le passé, en posant un regard tendre et nostalgique sur l'enfance vécue en un milieu villageois d'antan qui reproduisait parfaitement le modèle de la société canadienne-française dans le nord de l'Ontario. « Madame Fillion » de Guylaine Tousignant, qui s'inspire de Chapleau, met en scène un personnage dont le retour à la ville de son enfance, qu'elle achevait presque d'oublier, est d'abord un acte de rupture avec la personne qu'elle est devenue dans une ville métropolitaine. Or, la trajectoire du personnage aboutit dans une communauté voisine (Biscotasing), bien plus petite encore que sa ville d'origine, comme s'il s'agissait de passer d'un extrême démographique à l'autre pour mieux pousser à la limite le refus critique de l'effet aliénant que la grande ville peut exercer sur la personnalité. « L'hurluberlu d'Earlton » de Gaston Tremblay nous ramène aux origines, à la vie sur la terre, tant au passé qu'au présent, nous rappelle que la modernisation a eu ses défauts puisqu'elle a profondément modifié la façon de faire les choses et en a obligé plus d'un à s'exiler ; il met en scène le désir de revenir chez soi, mais en même temps l'impossibilité de le faire. Dans « Sabine au fond des bois » (Iroquois Falls), Marguerite Andersen nous convie à une quête de soi qui passe par la quête de l'autre. Les chutes qui ont donné son nom au village n'existent plus, tout comme la petite communauté juive qui y a disparu en ne laissant que de faibles traces, mais Sabine redécouvre ces présences du passé et renoue avec elles pour ancrer son bonheur dans le présent. « Tout feu tout flamme » de Richard Léger s'inspire de Spanish ; sur fond d'histoire d'amour et dans un registre fantastique, il réactualise et amplifie la légende d'une énigmatique présence espagnole parmi les Amérindiens de ce coin de pays (qui a donné son nom à la rivière et à la communauté), rendant cette légende de nouveau présente et vivante. Dans « Avance », Robert Dickson, qui s'inspire de Sturgeon Falls, utilise le pouvoir critique du conte en rappelant que les Franco-Ontariens peuvent s'enorgueillir d'avoir su faire valoir leurs droits par la revendication solidaire, en même temps qu'il célèbre l'amitié, la fidélité à soi et la fierté dans le quotidien. Enfin, « Tamara de Fauquier » de Melchior Mbonimpa, qui s'inspire de Fauquier, nous plonge dans une réflexion sur les origines, la mémoire — celle qui nous reste, celle qui nous fait défaut et qu'il faut activement chercher à redécouvrir — et le métissage, thème très contemporain, mais déjà bien présent dans le passé du Nord de l'Ontario qui a accueilli des pionniers d'un peu partout qui rêvaient d'un avenir meilleur.

Toutes ces légendes et tous ces contes, ancrés dans l'ici-maintenant des gens du Nord, tournés vers l'avenir tout en étant conscients du passé, sont vivants ; leur oralité, même dans la version écrite, nous interpelle. Si l'on affirme qu'il s'agit de contes régionaux — étiquette qui peut comporter une connotation négative ou réductrice —, il ne faut pas par là sous-estimer leur portée universelle. Tous ces auteurs ont démontré à l'envi que, pour peu qu'on s'y penche, ces petites communautés nord-ontariennes recèlent dans leur imaginaire et leur histoire d'amples et inspirantes richesses : la chaleur humaine, l'amour, l'amitié, les rêves d'une vie meilleure sont les aspirations de l'humanité entière ; or elles retrouvent dans ce décor nord-ontarien des couleurs fraîches et des forces vives qui raniment l'espoir et nourrissent les rêves. On en arrive presque à oublier que le projet littéraire du *Salut de l'arrière-pays* est issu, tout au contraire, d'une prise de conscience inquiétante devant les tendances démographiques et économiques. C'est dire que le pari littéraire du concepteur et de ses collaborateurs est gagnant.

Chansons originales et humour

Aux côtés des légendes et des contes, chaque *Salut de l'arrière-pays* comporte une séquence humoristique sous forme de pseudo-entrevue où la satire se fait loufoque et la parodie grinçante pour dénoncer l'insuffisance et la superficialité d'un certain discours sur le développement économique en région. Ces sketchs mettent en scène un agent de développement économique régional qui présente à une animatrice de la métropole des rapports aux contenus et aux titres invraisemblables. L'humour d'Alain Harvey et de Pierre-Mathieu Tremblay affirme clairement que le Nord de l'Ontario n'est pas dupe du peu de promesses, de la visée réductrice et de la vision stéréotypée de la panacée que serait l'écotourisme, solution que l'on propose trop souvent comme futur ressort économique à des communautés qui tiraient jusqu'à tout récemment leur vitalité et leur fierté de leur vocation industrielle. Satiristes efficaces, leurs délires débridés sont troublants par leur familiarité.

Quant aux chansons, elles servent efficacement de liens ou de transition entre les différents segments de l'émission. Si les légendes et les contes relèvent du récit et du plaisir de se raconter des histoires, et que les sketchs humoristiques nourrissent l'aspect critique du *Salut de l'arrière-pays*, les chansons y apportent une touche d'émotion, tout en restant ancrées dans le quotidien. Elles contribuent à souligner des états d'âme : tristesse devant le constat que le Nord n'est plus la terre promise («Les petites fraises d'été») ou en pensant à ceux qui sont partis trouver ailleurs leur bonheur («Ta silhouette qui s'éloignait»), inquiétude devant le déclin et même peur de devoir s'exiler («La onze, la onze»), désillusion de ce fils qui est parti travailler dans la grande ville dans l'espoir de réaliser ses rêves («Votre fils au loin»), voire une certaine détresse dans l'expression de ce besoin de rêver, de croire que la vie sera belle là où on est né. D'autres chansons mettent en scène le retour au pays de l'enfance et les sentiments qui l'accompagnent («Entre ailleurs et autrefois»), ceux qui partent, mais surtout ceux qui sont «[f]aits pour rester», ou font le portrait d'un pays de promesses («À la gare de Chapleau») et de liberté («Par un chemin de bois»). Dix de ces seize chansons gagneront à être entendues plutôt que lues, grâce aux nouvelles interprétations endisquées que prépare l'auteur-compositeur-interprète Stéphane Paquette. Dans sa version radiophonique, chaque épisode du *Salut de l'arrière-pays* comportait aussi une chanson humoristique, mais celles-ci n'ont pas été retenues pour la publication.

✣

Le salut de l'arrière-pays est certainement un projet régional, tant par son sujet que par son premier mode de diffusion. Si on veut le qualifier de régionaliste, il faut prendre bien soin de définir le terme, souvent associé à un repli sur soi et à une idéologie terroiriste (les romans de la terre, par exemple). Car, si *Le salut* — comme ses artisans ont pris l'habitude de le désigner — met en scène des personnages du passé, ce n'est pas pour prôner un retour à cette vie passée, mais plutôt pour mettre en valeur les richesses humaines de ces communautés et susciter la fierté. Que ce soit en puisant dans les forces de la mémoire comme le font les légendes, en fouillant les possibilités de l'imaginaire comme le font les contes, ou en nous plongeant au cœur du quotidien et des émotions avec les chansons, il s'agit de montrer comment il est possible de vivre en région au présent. Régionaliste, la série s'inscrit bel et bien dans une logique du centre s'opposant à la périphérie, comme en témoignent avec éloquence les sketches humoristiques : ce sont les petites communautés qui cherchent à s'affirmer vis-à-vis les grandes villes et les métropoles. Hors du grand centre, point de salut ? Rien n'est moins sûr, affirment chacun des textes de la série, leurs *salutations* revendiquant un statut d'égal à égal, leur *salut* passant par une critique de l'uniformisation de la société d'aujourd'hui qui prône le « *Big is beautiful* ». Le régionalisme du *Salut de l'arrière-pays* est critique — il cherche à renverser les préjugés envers les petites communautés —, engagé — il nous force à réfléchir, sinon à agir — et, surtout, contemporain : il constitue une réponse au marasme qui envahit les petites communautés en affirmant haut et fort qu'il est possible de vivre, au présent, dans ces communautés.

Comme les paroles s'envolent et que les écrits restent, il était tout à fait approprié d'offrir la possibilité aux lecteurs et lectrices de plonger ou de replonger dans l'univers du *Salut de l'arrière-pays* par la voie de l'écrit, bien après leur représentation et leur diffusion. De cette façon, Gogama, Verner, Chapleau, Earlton, Iroquois Falls, Spanish, Sturgeon Falls et Fauquier saluent non seulement le Nord de l'Ontario, mais toutes les régions dites périphériques du pays auxquelles elles peuvent servir d'inspiration, ou à tout le moins proposer des visages familiers dans lesquels elles pourront se reconnaître. Car il faut bien convenir, comme *Le salut de l'arrière-pays* nous y invite, que ces milieux sont riches en valeur et en chaleur humaine.

Johanne Melançon
Professeure agrégée
Département d'études françaises
Université Laurentienne

COLLABORATIONS

Normand Renaud – Conception du projet – Direction de la publication

Création

Alain Harvey – Rédaction et interprétation des sketchs comiques

Stef Paquette – Composition et interprétation des chansons

Normand Renaud – Rédaction et lecture des portraits de personnages – Paroles des chansons régionalistes (sauf * ci-dessous) et chansons comiques (non retenues dans cette publication) – Animation, harmonies, percussions

Pierre-Mathieu Tremblay – Rédaction et interprétation des sketchs comiques

Auteurs et lecteurs

Marguerite Andersen – «Sabine au fond des bois» — Lu à Iroquois Falls par *Miriam Cusson*

Céleste Dubé – «Watershe» — Lu à Gogama par l'auteure

Robert Dickson – «Avance» — Lu à Sturgeon Falls par *Stéphane Gauthier*

Richard Léger – «Tout feu tout flamme» — Lu à Spanish par l'auteur

Melchior Mbonimpa – «Tamara de Fauquier» — Lu à Fauquier par Mélanie Tremblay

Guylaine Tousignant – «Madame Fillion» — Lu à Chapleau par l'auteure – *Paroles de chansons: «Un étranger a pris ta place» et «Petite Revanche»; coécriture de «L'été qui s'étend» avec Normand Renaud.

Gaston Tremblay – «L'hurluberlu d'Earlton» — Lu à Earlton par *Stéphane Gauthier*

Danièle Vallée – «La parade» — Lu à Verner par l'auteure

Aide à la recherche
Pierre Albert — Pour le portrait de Bucko Beauchamp de Fauquier
Wayne LeBelle — Pour le portrait du père Marchand de Sturgeon Falls

Aide à l'édition
Michel Ouellette — Révision de l'ébauche du livre
Denise Truax — Relations avec les auteurs de contes littéraires

Production des émissions
Alain Dorion — Directeur de station initiateur du projet
Roger Corriveau — Sonorisation et enregistrement
Alain Harvey — Logistique des soirées et des visites d'auteurs dans les communautés
Guylaine Tousignant — Communications
Éric Robitaille — Réalisation

Épisodes
Gogama — Enregistrement le vendredi 20 février 2004 à 20 h au restaurant Ruby's ; diffusion le samedi 28 février 2004 à 10 h

Verner — Enregistrement le vendredi 19 mars 2004 à 20 h au restaurant Trans-Canada ; diffusion le samedi 27 mars 2004 à 10 h

Chapleau — Enregistrement le vendredi 23 avril 2004 à 20 h au restaurant Aux trois moulins ; diffusion le samedi 15 mai 2004 10 h

Earlton — Enregistrement le vendredi 11 juin 2004 à 20 h au restaurant le Grand Boulevard ; diffusion le samedi 18 juin 2004 à 10 h

Iroquois Falls — Enregistrement le vendredi 22 octobre 2004 à 20 h au Main Street Café ; diffusion le samedi 6 novembre 2004 à 10 h

Spanish — Enregistrement le vendredi 26 novembre 2004 à 21 h à Vance's Motor Inn ; diffusion le samedi 4 décembre 2004 à 10 h

Sturgeon Falls — Enregistrement le vendredi 11 février 2005 à 19 h au Centre communautaire ; diffusion le samedi 19 février 2005 à 10 h

Fauquier — Enregistrement le vendredi 4 mars 2005 à 20 h au Centre communautaire ; diffusion le samedi 12 mars 2005 à 10 h

Bienvenue au Salut!

Le « Salut de l'arrière-pays », c'est le signe de la main que les villages envoient aux villes, leurs voisines, les deux se ressemblant bien plus qu'on le pense. Car ces petites communautés qui cherchent leur avenir sont à l'image de vastes régions du pays qui cherchent leur avenir, malgré le dépeuplement qu'indiquent les recensements, malgré l'exode de la jeunesse particulièrement.

Le « Salut de l'arrière-pays », c'est l'espoir en l'avenir affirmé en récits et en chansons. C'est une expression de la confiance en la force du cœur et de l'esprit des gens d'ici. C'est un acte de présence à l'ensemble du Nord de l'Ontario, notre coin du monde qui nous tient à cœur.

Quand le « Salut de l'arrière-pays » visite un village, c'est pour trouver dans son histoire des symboles de ses richesses humaines, qui valent plus encore que ses richesses naturelles. C'est pour y chercher des images et des personnages qui puissent rappeler un passé dont l'avenir pourrait se nourrir. Gens du Nord, voici des hommages à nos villages.

Des photos dans un album
Des souvenirs de bons coups
Des « Salut ! Je t'en conte une bonne »
Et puis comment ça va chez vous

Un pays qu'on a vu grandir
Des histoires à redire
À tous ceux qui veulent que ça continue
On dit salut !

SALUT GOGAMA!

Gogama est un village qui impressionne avant même que vous ne l'ayez vu ni connu. C'est déjà assez impressionnant juste de voir sur une carte routière le petit point noir qui l'identifie. C'est le seul point sur la carte à des centaines — des centaines! — de kilomètres à la ronde.

Gogama, c'est le nom qu'on lance quand on a besoin du symbole même d'une petite place isolée. «L'université de Gogama», ont dit les sarcastiques en réplique à ceux qui ont rêvé de fonder une université française dans le Nord de l'Ontario. «Gogama, capitale du Nord», a-t-on lancé à ceux qui ont rêvé de faire du Nord de l'Ontario une province distincte. Mais le nom Gogama ne veut pas dire « petite place isolée ». On n'est jamais sûr des noms d'origine amérindienne, mais on pense que Gogama signifie «poisson qui saute». Cette image du poisson qui saute, qui apparaît soudain et qui disparaît aussitôt, c'est une image qui symbolise bien la courte histoire des hauts et des bas de la ville de Gogama.

Quand on voit le village d'aujourd'hui, avec ses quatre cents habitants, on a peine à croire que Gogama a déjà été une ville de quatre mille habitants. Quatre mille habitants — il y avait autant de monde ici qu'à Hearst! Dans ce temps-là, dans les années trente et quarante, Gogama était, elle aussi, une ville de scieries qui en produisaient du bois, *en veux-tu, en v'là*! Mais dans ce temps-là, on n'y venait pas en voiture. Le seul lien avec le monde extérieur, c'était le train. Une ville sans même une route pour s'y rendre, c'était ça, le Nord de l'Ontario, à une époque encore récente. Il a fallu attendre les années 1970 pour que la route 144 perce la forêt et relie Timmins et Sudbury, en passant par Gogama.

Peu à peu, ce qui devait arriver est arrivé : le bon bois a commencé à se faire rare. Puis, le coup de grâce a été donné par le grand feu de forêt des années cinquante. Après ce désastre, le moulin de Poupore s'est réinstallé à Skead et Gogama est devenu une ville fantôme. Ranimons un de ces fantômes pour évoquer l'époque où Gogama était prospère. Réveillons le souvenir de Jos Laflamme!

Jos Laflamme

Jos Laflamme, *Wolf Man of the North*, vedette internationale, a été un personnage haut en couleur pour qui Gogama a été une ville bien assez grande pour le laisser être lui-même. Il était un bonhomme pas commode, pas très recommandable, mais admirable à sa façon, justement pour ces raisons. Pour comprendre l'homme, il faut comprendre l'époque. Il faut, pour commencer, imaginer ce petit monde à l'écart du grand monde. Mais jamais assez à part pour que les lois de l'État et de l'Église ne s'y fassent sentir.

La paroisse Notre-Dame-du-Rosaire de Gogama a été fondée en 1922. Le premier curé, le père Achille Cournoyer, y est demeuré jusqu'en 1939. Dans les premiers temps, il célébrait la messe dans la salle de billard de monsieur Arthur l'Abbé. Je les imagine le dimanche, les gars dont l'imagination divaguait pendant le sermon en se rappelant leurs parties de billard chaudement disputées dans ces mêmes lieux. Transformer le salon de billard en église, admettons que c'est une manière de se débarrasser de lieux mal famés. Ce n'est pas le genre de coup qu'on peut refaire souvent, sinon il y aurait bien trop d'églises en ville. On n'a pas essayé ce coup-là chez Jos Laflamme. Chez lui, on s'y est pris par la loi de l'État. Mais la justice n'en est pas venue à bout. C'est que, voyez-vous, Jos Laflamme était dompteur de loups.

Avant d'en arriver aux loups, il faut d'abord que je vous raconte que Jos Laflamme faisait un petit commerce marginal, mais lucratif, de vendeur non autorisé de boissons alcoolisées — il était *bootlegger*. La grande vedette internationale était le petit délinquant local. Dans les archives du *Sudbury Star* des années trente, des articles rapportent des procès où Jos Laflamme était accusé de contrebande d'alcool. Il a réussi à éviter la prison à cause de vices de procédure. Ce n'était pas ce genre de bon coup qui allait le rendre docile devant la cour.

Une fois, selon le *Sudbury Star*, Jos Laflamme a été convoqué comme témoin dans une affaire d'incendie criminel pesant contre une certaine madame Fortin de Gogama. Le procureur de la Couronne le questionnait manifestement pour montrer sa faible crédibilité. Il a demandé, à Jos Laflamme, s'il avait fait commerce illicite d'alcool dans le passé.

— Ça, ça a rien à voir avec l'histoire de madame Fortin, qu'il a répliqué.

Le procureur a insisté.

— Avez-vous fait de la contrebande, oui ou non?

L'insinuation était embarrassante. Mais la réponse de Jos Laflamme est partie comme une flèche :

— Tu devrais bien le savoir, monsieur le procureur. T'es venu chez moi bien assez souvent.

C'est la réplique d'un homme qui n'a pas froid aux yeux. S'il n'avait pas peur des avocats, c'est qu'il avait mis à sa main bien pire qu'eux. Jos Laflamme a tenu les rênes d'attelages d'orignaux domptés et de loups domptés. J'ai bien dit domptés, pas apprivoisés. Parce qu'au dire de Jos Laflamme, on n'apprivoise jamais un loup. On ne peut que le dominer.

Wolfman of the North, tel était son surnom, à Jos Laflamme, quand il se donnait en spectacle. Son attelage de loups a parcouru les rues d'Ottawa, de Toronto, de Buffalo, de Boston et de New York en plein sur la Broadway. Le monde a changé. Aujourd'hui, personne n'irait donner pareil spectacle dans ces villes du Sud peuplées d'écologistes de banlieue conducteurs de «véhicules sportifs utilitaires». Mais, dans le temps, pour voir ce gros homme fort à la forte barbe, habillé en trappeur du Grand Nord, les jambes rayées par les griffes et les crocs des loups, on se massait dans les rues l'hiver comme pour la parade du père Noël.

Une fois, cependant, une mémorable fois, Jos Laflamme a eu de la misère avec ses loups. Mais il faut dire que lui aussi, il leur avait donné de la misère. Fin janvier 1939, Jos Laflamme devait descendre à Sudbury pour faire voir ses loups. Mais ce matin-là, il faisait moins trente, trop froid pour les faire monter dans un wagon de train non chauffé. Et le train, je l'ai dit plus tôt, était la seule manière d'entrer à Gogama ou d'en sortir. La seule? Non, pas la seule. Il y avait aussi l'avion de brousse. Jos Laflamme s'y connaissait, lui qui, une fois, avait survécu plusieurs jours en forêt après l'atterrissage forcé d'un avion de brousse qui avait perdu la moitié de son hélice. En tout cas, ce matin-là, Jos Laflamme s'est dit : on va les amener en ville en avion, ces loups-là.

Une fois dans le ciel, le rapport de force entre les loups et leur maître a été mis à l'épreuve. Les loups se sont affolés. Ils voulaient sortir de là. Imaginez la scène. Jos Laflamme devait repousser les loups vers l'arrière de l'avion pour les empêcher de se jeter sur le pilote. Ceux qui ne se ruaient pas sur lui grattaient frénétiquement le fuselage de l'avion de brousse qui, comme vous le savez peut-être, est fait de toile. La folle envolée jusqu'à Sudbury a pris quarante minutes. Au journaliste du *Sudbury Star* qui l'a interviewé après l'atterrissage, Jos Laflamme a déclaré ceci : « En toutes mes longues années de dompteur de loups, ce matin, c'est la seule fois où j'ai vraiment eu peur. »

Mais la journée n'était pas finie. Ses loups devaient encore tirer leur traîneau à travers le centre-ville de Sudbury. Les rues Durham et Elgin étaient bondées. Les spectateurs débordaient des trottoirs et s'entassaient si serré qu'il ne restait presque plus de place pour laisser passer l'équipage sauvage. Le journal rapporte que pour partager cette mer humaine, Jos Laflamme faisait claquer son fouet en criant à la foule : « Ce fouet-là, c'est pour mes loups, mais si vous ne vous tassez pas, vous allez y goûter ! » Jos Laflamme a fini par perdre le contrôle de ses loups, qui étaient sans muselière. Heureusement, ils n'ont fait rien de plus grave que de se réfugier derrière un hangar près de la voie ferrée.

Mais ce n'est pas tout. Le lendemain, Jos Laflamme était invité à la radio CKSO de Sudbury, juste pour y faire prendre sa photo avec un loup. Jos Laflamme installe son loup muselé sur la table devant les micros. Pour que la photo soit plus jolie, il lui enlève sa muselière. Imprévisible comme toujours, le loup choisit ce moment-là pour changer d'humeur, babines dressées, crocs dénudés, en tirant sur son collet de chaîne. Puis soudain, il s'échappe de son collet. L'animateur a juste le temps de sortir du studio. Ce qui s'ensuit, c'est une lutte entre le loup et le dompteur, qui tient une chaise comme on le fait devant les lions au cirque. Jos

Laflamme veut l'approcher de dos, mais toujours le loup lui montre ses crocs. Sur ces entrefaites, quelqu'un à CKSO a l'idée d'ouvrir les micros. Alors la musique du Metropolitan Opera est soudainement interrompue par des grognements de loup et des commandes que Jos Laflamme crie en anglais, en français et en ojibwé. L'animateur excité se met à décrire en direct ce combat, qui prend fin quand Jos Laflamme réussit enfin à saisir le loup dans une prise de lutteur pour lui enfiler sa muselière. Cinq minutes plus tard, le loup est redevenu tout calme. Donc qu'est-ce qu'il fait, Jos Laflamme? Il lui enlève sa muselière! Et on la prend, la fameuse photo, comme si rien de tout ça n'était arrivé.

Voilà le genre d'homme qu'on pouvait être dans les années cinquante, quand on était Jos Laflamme, *Wolf Man of the North*, et qu'on habitait Gogama, Nord de l'Ontario. C'est une époque pas si lointaine. Des habitants de Gogama vous diront qu'ils l'ont vu, Jos Laflamme, dans les rues du village dans son traîneau tiré par des orignaux. Ils se souviennent de ses loups qu'il gardait dans sa cour derrière la maison, où il gardait aussi dans un hangar ses réserves d'alcool. L'époque a beau n'être pas lointaine, ces souvenirs sont d'un autre monde. Jos Laflamme, vedette internationale, a disparu dans l'anonymat. Comme lui, des milliers d'habitants de Gogama sont partis, laissant derrière eux un village en déclin à la place d'une petite ville si sauvagement animée qu'un contrebandier pouvait se moquer de la justice et que le hurlement des loups se mêlait à celui des scieries.

Disparaître sans laisser de traces après avoir été si extraordinaire, ce n'est pas une fin juste pour une vie d'homme. Non plus pour une région qui épuise ses énergies et ses richesses naturelles à alimenter en matières premières des industries installées ailleurs. Un jour, le Nord de l'Ontario va devoir apprendre à déjouer l'économie qui lui réserve ce rôle ingrat et éphémère. Nous allons devoir apprendre à mieux nous y prendre pour nous enraciner et durer. Or, je devine qu'une partie du secret du dur désir de durer, c'est peut-être de savoir rappeler les sentiers par où le passé nous a menés et les personnages plus grands que nature qui les ont ouverts. Jos Laflamme n'était peut-être pas un homme qu'on aurait aimé fréquenter ou recevoir dans son salon. Mais c'était un homme plus grand que nature, qui nous apprend qui nous avons été et qui nous sommes encore un peu. Avec une semblable force de volonté aujourd'hui, de quoi serions-nous capables ? Les excentriques, les indomptés, les esprits libres, les Jos Laflamme ne doivent pas être d'une autre époque. Il nous en faudrait, aujourd'hui, des personnages ayant cette force de caractère et cette originalité. On devait au moins se souvenir de ceux qu'on a vus passer.

Les petites fraises d'été

À l'âge où les rêves, c'est toute la vie
Il a pris la route des espoirs permis
Croyant qu'un avenir lui était promis
Dans un pays jeune comme lui
Il a eu une bonne job en sortant du secondaire
A marié sa blonde, est devenu un père
A bâti une maison dans une petite ville prospère
Quand le Nord était jeune comme lui

Les jours sont courts et l'hiver est long
On a pris ce qu'on a pu quand les temps étaient bons
On a tant donné, où est-ce donc tout allé
Peux-tu encore espérer
Le retour des petites fraises d'été ?

Les chemins de bois s'allongent de plus en plus
Il faut rouler deux heures juste pour se rendre au début
Où les machines avancent, elles laissent la terre toute nue
Elles rasent toute une forêt par mois
Aujourd'hui, ils te demandent d'investir des milliers
De t'endetter à la banque juste pour travailler

C'est la grosse abatteuse qu'il faut pour bûcher
Pas les scies à chaînes comme autrefois

Les jours sont courts et l'hiver est long
On a pris ce qu'on a pu quand les temps étaient bons
On a tant donné, où est-ce donc tout allé
Peux-tu encore espérer
Le retour des petites fraises d'été ?

Y en a plus de travail où deux bons bras suffisent
Une bonne tête, un bon dos et de la débrouillardise
On ne vient plus ici comme en terre promise
À cause des bonnes payes
Il a dit à son gars d'aller faire ses études
Dans un gros collège d'une ville du Sud
C'est pas que le Nord est rendu trop rude
C'est que c'est plus pareil

Les jours sont courts et l'hiver est long
On a pris ce qu'on a pu quand les temps étaient bons
On a tant donné, où est-ce donc tout allé
Peux-tu encore espérer
Le retour des petites fraises d'été

Watershe

Quand on est jeune, les vacances d'été représentent souvent la plus grande des libertés. Mais pour une jeune fille qui habite Gogama, c'est pas nécessairement le cas. Dans le fond, les vacances m'attristaient. J'aimais ça, moi, quand j'étais jeune, aller passer la semaine à Timmins, suivre des cours à Thériault. C'était la seule chance que j'avais de sortir du village, sauf quand j'allais faire les épiceries avec ma mère, une fois par mois. L'été, j'étais prisonnière des lacs, de la forêt pis des maringouins, c'est pas mêlant! Si t'aimais pas la chasse ou la pêche, il y avait pas grand-chose à faire. Ça fait que je faisais pas grand-chose.

À l'âge de 17 ans, j'ai réussi à me poigner une job d'été au restaurant *Watershed*. Ça s'appelle le *Watershed* parce qu'on est sur la hauteur des terres entre deux bassins versants. D'un côté, l'eau coule vers le nord, jusqu'à la baie d'Hudson; de l'autre, vers le sud, jusqu'aux Grands Lacs. En tout cas, ce nom me donnait des idées de départ. En plus, il y avait de l'argent à faire, pis ça changeait le mal de place. Dès le début, je me suis dit que si jamais je ramassais assez d'argent, je quitterais Gogama pis jamais j'y remettrais les pieds. Travailler au *Watershed*, ça me permettait de rêver à une vie meilleure, une vie plus excitante que celle que je vivais.

Un soir de juillet, je venais tout juste de nettoyer la dernière table du restaurant pis je préparais les poubelles quand tout d'un coup quelqu'un a frappé à la porte. J'ai répondu. Il voulait savoir si le restaurant était toujours ouvert. Un grand gars aux yeux bleus perçants. J'ai dit non. Ça faisait une demi-heure que j'avais barré la porte. «C'est de valeur, j'ai tellement faim», qu'il m'a dit avec un petit sourire en coin. C'était clair qu'il n'avait pas du tout envie de partir. Ça se voit, vous savez! Pis c'est drôle, mais c'est comme si je voulais pas qu'il parte. Je sais pas ce qui m'a pris, mais sans même hésiter j'ai ouvert la porte. Il est entré et il s'est assis. Timidement, je lui ai donné le menu et j'ai dit que je pouvais lui préparer n'importe quoi. Il a feuilleté rapidement et sans réfléchir a commandé le *cheeseburger platter*. Pour le *burger*, il y avait pas de problème, mais ça faisait déjà deux heures que j'avais éteint la friteuse. Il aurait eu à attendre que l'huile soit assez chaude pour que je puisse lui faire des frites. Il m'a dit que c'était correct, qu'il pouvait patienter. Pis moi, ben, disons que, soudainement, j'étais pas pressée de partir.

En attendant que l'huile chauffe, il a offert de m'aider à sortir les poubelles. J'ai accepté. Des sacs plein les bras, il m'a suivi derrière le *Watershed*. J'ai déposé les miens contre le mur et il a fait pareil. Pis là, avant même que je puisse le remercier, il m'a embrassée. C'est vrai! En plein sur la bouche. Il m'a chuchoté à l'oreille qu'il me trouvait belle. Pis là il m'a tourné le dos, il a ramassé une vieille échelle qu'il y avait au sol, il l'a placée contre le bord du toit et s'est mis à grimper. «Un vrai fou!» que je me suis dit. Arrivé au sommet, il s'est tourné vers moi et m'a demandé de le suivre. Sur le coup, je pouvais pas répondre, j'étais tellement nerveuse, j'avais le cœur pris dans la gorge. En tout cas, poussée par la curiosité, je l'ai suivi.

Arrivée en haut, son regard était braqué sur moi comme celui d'une bête sauvage qui examine sa proie. La seule différence, c'est qu'il y avait aucune violence dans son regard. C'est drôle, mais je me sentais bien avec lui. Je l'ai embrassé, ou il m'a embrassée (enfin! j'oublie), pis là j'me suis dirigée vers le devant du toit, là où se trouvaient les grandes lettres qui formaient le mot WATERSHED. Je me suis assise pis j'ai placé mes talons contre le D pour éviter de glisser. Assis à côté de moi, il s'est mis à me dire comment il trouvait ça beau la forêt la nuit. Vous me direz que c'est absurde, mais pour la première fois je trouvais ça beau, moi aussi.

Il m'a parlé de tout et de n'importe quoi. Je sais même pas si j'écoutais les mots qui lui sortaient de la bouche. Pis il m'a embrassée encore et, dans le temps de le dire, il était sur moi. Moi, ben, je me suis laissé faire. Quand il est venu, au moment même, tout ce que j'entendais c'était sa respiration. Pis tout à coup, un bruit fracassant. Il s'est enlevé de sur moi et s'est dirigé vers le bord du toit. «*Fuck*, calice!» Il arrêtait pas de hurler. «*Fuck*, calice!» Pis il est descendu à toute vitesse. En remettant mes p'tites culottes et ma robe d'été, je me suis dirigée vers le bord du toit et c'est là que j'ai aperçu ce qu'il avait vu. Le D de WATERSHED était tombé sur le *hood* de son camion. Je sais pas, mais j'imagine que j'ai donné un coup de talons sur le D quand on était en train de... En tout cas, il était en crisse! Je peux comprendre pourquoi, ça avait complètement poqué sa *paint job*.

Mais c'est ce qui s'est passé après que je pourrai jamais comprendre. En beau maudit, il a enlevé le D de sur son camion et m'a regardée comme pour me dire que c'était ma faute que sa *paint job* était *fuckée*. Sans dire un mot, il a pris le volant pis il est parti dans un nuage de poussière, comme ça, direction Timmins. Je suis restée là sur le toit, à le regarder s'éloigner. Lorsque son camion est enfin disparu, j'ai pris mon courage à deux mains pis je suis descendue de ma perche. J'aurais pu monter dans mon char pour le suivre, mais je l'ai pas fait. Mieux valait l'oublier tout de suite. En tout cas, essayer ! J'ai ramassé le D pis, en pleurnichant, je l'ai jeté dans le champ d'à côté.

Ce soir-là, j'ai très mal dormi, couchée à plat ventre parce que j'avais les fesses tellement irritées par la toiture. En plus, j'ai pleuré presque toute la nuit. Et le lendemain au travail c'était pas mieux. Loin de là ! Ma patronne m'a prise de côté pour me dire qu'elle était pas impressionnée par mon travail. Ça d'l'air que quand je suis partie la veille, j'ai oublié d'éteindre la friteuse. Il y a pas eu d'incendie, mais quand même, elle était pas contente de moi, mais pas du tout ! Elle m'a dit qu'elle trouvait que j'avais la tête ailleurs, pis que si j'étais pas capable de me déniaiser, elle serait obligée de me *clairer*. C'est vrai que j'avais la tête ailleurs. Si seulement le corps avait suivi ! En tout cas...

Avec le temps, j'ai fini par comprendre qu'il est loin d'être facile de se faire oublier, surtout quand on veut. Vous voyez, quand on habite un village comme Gogama, tout le monde connaît les potins des autres. On peut rien dire, rien faire sans que tout le monde soit au courant. C'est pourquoi les gens préfèrent souvent vivre leur petite vie en silence, en retrait, parce que c'est plus facile que de subir le jugement de son voisin. Je suis convaincue de ça parce que c'est justement ce que j'ai choisi de faire. M'enfermer dans le silence. Ma petite prison bien à moi.

J'avais 17 ans et... j'étais enceinte. Pis le pire c'est que je connaissais même pas le nom du père. Je savais que je devais pas parler de cette relation, question de pas faire aller les mauvaises langues. Vous vous rendez compte? «Elle est enceinte d'un homme sans nom qui sera jamais le père de son enfant et patati, patata!» Non! Personne du village, ni même de ma famille, pouvait savoir ce que j'avais fait. On peut même pas péter ici sans que tout le monde vienne sentir. Pis moi, ben, j'avais pas le goût que tout le monde se mette le nez dans mes affaires, que tout le monde se mette à parler de moi. À dire que j'étais une créature sans moralité, une débauchée, une moins que rien qui voit sa vie changer parce qu'un beau soir, la quatrième lettre de l'alphabet décide de s'écraser sur un camion! Non, ça m'intéressait pas.

Deux ou trois semaines après «l'incident», ben, je me suis accotée avec un gars du village. Celui-là avait un nom et je le connaissais. Robert, c'était mon voisin quand j'habitais sur la Cedar. Je lui ai dit que l'enfant était le sien. Il a dû me croire parce que pas longtemps après, on s'est mariés. Le village au complet y était. Pis quand la p'tite est née, toutes les femmes ont organisé le plus gros des *baby shower* imaginables. Aujourd'hui, je travaille encore au *Watershed*. Et après toutes ces années, pouvez-vous imaginer qu'ils ont jamais remplacé le D?

L'autre jour, Robert a emmené la p'tite à souper au restaurant. Il est tellement bon pour elle et pour moi. Pendant qu'ils attendaient leurs repas, la p'tite faisait ses devoirs à la table, un projet au sujet des Amérindiens. Tout à coup elle s'est mise à rigoler. Elle a trouvé le mot *weebashi* dans son petit dictionnaire ojibwé. Ça veut dire : « celui qui est poussé par le vent ». Elle a dit : « M'man, *weebashi* ça sonne un peu comme *watershe*, comme ce qui est écrit sur le toit du restaurant ».

    Soudain, la porte s'est ouverte. Il est entré et s'est assis à la même table où il s'était assis, 13 ans avant. Je l'ai reconnu tout de suite. Son visage avait vieilli, mais c'était lui. On oublie pas facilement des yeux comme les siens. Je me suis approchée de sa table, menu en main et le cœur serré. Arrivée devant lui, je m'attendais à ce qu'il me dise quelque chose, n'importe quoi. Mais non, rien, il m'a même pas reconnue. C'est drôle, mais j'étais soulagée. Du coin de l'œil j'ai vu Robert et la p'tite. C'est là que j'ai compris pour la première fois que les événements de ma vie avaient respecté la direction d'un courant naturel, que j'aurais pas pu être ailleurs qu'ici.

    J'ai bien peur que bientôt ma p'tite va commencer à trouver le temps long, qu'elle va commencer à rêver à des ailleurs. Dans le fin fond, j'aimerais ça qu'elle reste. Mais si elle se sent poussée par le vent et qu'elle décide de partir, je sais que je pourrai pas l'arrêter, qu'elle va devoir suivre le courant qui l'entraîne.

Céleste Dubé

Incitatif pédant : Go ! Go ! Gogama !

Annie-France Brazeau
Bonjour, ici Annie-France Brazeau ; vous êtes à l'écoute d'*Incitatif pédant*.

On entend le thème musical de l'émission.

Nous recevons aujourd'hui Gregory Rotheingham, du ministère des Opérations improbables et des Études interminables.

Il va répondre, mais elle enchaîne.

Gregory Rotheingham, auteur de rapports incontournables dans le monde du fonctionnariat, vous avez notamment écrit *Marathon : un avenir unijambiste*. Vous avez également publié un rapport sur la communauté de Sandwich, dans le Sud-Ouest ontarien, rapport intitulé *Sandwich : l'affaire est ketchup*. Vous venez maintenant nous présenter votre plus récent rapport, savamment intitulé *Go ! Go ! Gogama !*

Il va répondre, mais elle enchaîne.

Vous êtes titulaire d'une maîtrise en histoire. Votre mémoire de maîtrise s'appelait *Le saucisson hongrois*

— *Témoin de l'évolution d'un continent pluriethnique*, un mémoire qui fait autorité dans le monde de la charcuterie. Vous êtes trois fois champion du monde de corde à danser.

> *Il va répondre, mais elle enchaîne.*

Vous êtes ambidextre. Des deux mains à part de ça! Et on pourrait continuer comme ça longtemps, mais ça serait exagéré.

> *Il va répondre, mais elle enchaîne.*

Gregory Rotheingham, bonjour.

GREGORY ROTHEINGHAM
Bonjour Annie-France.

ANNIE-FRANCE BRAZEAU
Gregory, vous avez étudié la communauté de Gogama dans la perspective de diversifier son économie et, à la lecture de votre rapport...

> *Elle montre le rapport, un volume gigantesque*

On se rend bien compte que les pistes ne manquent pas.

GREGORY ROTHEINGHAM
Tout à fait, Annie-France. Nos nombreuses études sont catégoriques : Gogama a tout ce qu'il faut pour provoquer un boum économique.

ANNIE-FRANCE BRAZEAU
Un boum économique?

GREGORY ROTHEINGHAM
Un boum économique.

ANNIE-FRANCE BRAZEAU
Boum?

Gregory Rotheingham
Boum! Ou si vous voulez, une véritable explosion des fondements commercialotouristiques de Gogama.

Annie-France Brazeau
Ah, là c'est clair! Et quels sont les grands axes que vous avez identifiés pour faire de Gogama la nouvelle New York?

Gregory lui fait signe de faire une comparaison moins ambitieuse.

La nouvelle Ottawa?

Gregory lui fait signe de faire une comparaison moins ambitieuse.

La nouvelle Sudbury?

Gregory lui fait signe de faire une comparaison plus ambitieuse.

Bon, enfin, quelles sont vos pistes, Gregory Rotheingham?

Gregory Rotheingham
Premièrement, les études de marché montrent un énorme potentiel touristique.

Annie-France Brazeau
Ben là, Gregory Rotheingham, un peu de sérieux.

Gregory Rotheingham
Non, non, non, écoutez bien, Annie-France. En ressuscitant certains sites patrimoniaux du riche passé de notre merveilleux hameau, on pourrait facilement avoir un circuit historique d'intérêt nord-américain à Gogama.

Annie-France Brazeau
Un circuit? Et par où commencerait cette visite?

GREGORY ROTHEINGHAM
Par la salle de billard!

ANNIE-FRANCE BRAZEAU

en grimaçant

Étonnant!

GREGORY ROTHEINGHAM
Vous savez qu'à une certaine époque, à Gogama, la messe était célébrée dans la salle de billard?

ANNIE-FRANCE BRAZEAU
Et qu'est-ce que vous en feriez, de la salle de billard?

GREGORY ROTHEINGHAM
Pour attirer les touristes, c'est incontournable: on ferme l'église, on rebâtit la vieille salle de billard et on y célèbre la messe.

ANNIE-FRANCE BRAZEAU
Vous allez avoir un problème: au billard, une des baguettes s'appelle «le diable».

GREGORY ROTHEINGHAM
Ah oui, il faudrait la sortir.

ANNIE-FRANCE BRAZEAU
Je vois très bien la scène d'ici: «Sortez le diable! Le curé s'en vient!»

GREGORY ROTHEINGHAM
Mieux encore, Annie-France, j'affirme que Gogama peut réussir le même pari que Las Vegas.

ANNIE-FRANCE BRAZEAU
Quoi? Des bingos à longueur de journée? Des nuits de poker endiablées?

Gregory Rotheingham
Non. Les gens de partout vont se marier à Las Vegas. Ils ont maintenant une alternative : on invite tout le monde à se marier à Gogama dans le magnifique décor d'une salle de billard d'époque.

Annie-France Brazeau
Bien sûr, avec le slogan « Mariez-vous dans une salle de billard : c'est plus facile de casser. »

Gregory Rotheingham
C'est pas tout. On pourra aussi visiter la bibliothèque dans un wagon.

Annie-France Brazeau
Un wagon de train ?

Gregory Rotheingham
Oui. Jusqu'au début des années quatre-vingt, la bibliothèque de Gogama était dans un wagon.

Annie-France Brazeau
Elle ne devait pas ouvrir souvent à l'heure.

Gregory Rotheingham
Ça fait partie du charme. Imaginez un peu, on ramène le wagon rempli de tous mes rapports et de mes études. On attirerait les fonctionnaires de partout sur la planète pour venir admirer mon œuvre.

Annie-France Brazeau
Un wagon rempli de rapports, ça va être palpitant. Il faudrait peut-être penser ajouter un wagon-lit.

Gregory Rotheingham
Je comprends pas.

Annie-France Brazeau
Ah, pas de doute, avec votre wagon-bibliothèque, la relance serait sur les rails.

Gregory Rotheingham
Bon, en tout cas, notre tournée historique finirait par la visite de la maison de Jos Laflamme. Vous savez, Jos Laflamme est un peu notre Mickey Mouse à Gogama! Alors pourquoi ne pas créer un gigantesque parc d'attractions inspiré par Jos Laflamme?

Annie-France Brazeau
Un parc d'attractions?

Gregory Rotheingham
Oui, on place trois ou quatre loups en plastique avec des grognements enregistrés à l'entrée et là les gens entrent et sont accueillis par une mascotte déguisée en Jos Laflamme. On aura aussi des manèges, comme des montagnes russes avec des traîneaux à loup, un carrousel d'orignaux pour les grands et un carrousel de castors pour les petits. On aura des kiosques où les gens peuvent faire du tir au poignet contre un ours, ou faire une course dans un labyrinthe avec une moufette. Évidemment, les touristes devront signer un formulaire qui nous dégage de toute responsabilité. On va aussi vendre des t-shirts, des casquettes à panache et des queues de castor.

Annie-France Brazeau
Gregory Rotheingham, vous parlez visiblement d'investissements importants. Comment s'assurer qu'on ne gaspille pas l'argent public?

Gregory Rotheingham
Vous savez, Annie-France, on ne me paye pas un salaire faramineux pour jeter l'argent des

contribuables par les fenêtres. J'ai déjà dépensé, de façon responsable, des dizaines de millions quand j'étais responsable du programme fédéral de commandites.

>   Annie-France Brazeau

Vous courrez à la ruine.

>   Gregory Rotheingham

Pas du tout, notre campagne promotionnelle ne coûtera pratiquement rien. Saviez-vous que près d'une dizaine de policiers de la Police provinciale de l'Ontario sont postés à Gogama?

>   Annie-France Brazeau

Quoi, une dizaine de policiers pour une population de 400 habitants? Je pense que le message est assez clair. Si vous circulez sur la 144, à l'approche de Gogama, ralentissez!

>   Gregory Rotheingham

Justement, on va profiter de leur expertise. Mais plutôt que de donner des *tickets*, les policiers vont donner des rabais de 50 % sur le prix d'entrée à toutes nos activités.

>   Annie-France Brazeau

Au nombre de contraventions qui sont émises à Gogama, votre succès est assuré. Alors visiblement, la tournée historique de Gogama s'adresse à un public familial. Mais il y a aussi d'autres publics que vous désirez cibler.

>   Gregory Rotheingham

Bien sûr! Les jeunes. Vous savez, Annie-France, en juin dernier, un train a déraillé à Gogama. Dix-sept wagons chargés de houblon se sont déversés dans le lac. Y'en a qui ont appelé ça une catastrophe écologique. Moi, j'appelle ça une opportunité!

ANNIE-FRANCE BRAZEAU
Fascinant, une opportunité. Pour quoi au juste?

GREGORY ROTHEINGHAM
Pour offrir le premier lac de bière au monde! Avec la quantité de houblon dans le lac, l'eau est devenue brune. On a donc fait des tests pour se rendre compte qu'on avait un lac de bière à 5,6 % d'alcool. Imaginez l'attrait pour des jeunes de 19 à 25 ans! Pendant la semaine de relâche de février, oubliez la Floride, on s'en va à Gogama!

ANNIE-FRANCE BRAZEAU
Mais comment allez-vous vous adapter aux tendances des grandes destinations touristiques des étudiants?

GREGORY ROTHEINGHAM
Ça se passe en février, alors c'est garanti que la bière va être froide. On va aménager des cabanes à pêche munies de pompes avec un compteur pour siphonner le lac. On aura aussi la populaire baignade polaire, le *Polar Beer Dip*. Également, on va recycler les serres de la pépinière avec d'immenses lampes de bronzage et organiser un tournoi de volley-ball de plage en bikini.

ANNIE-FRANCE BRAZEAU
Oui et je crois que j'ai trouvé la chanson thème de votre festival: «Elle a un tout petit, petit bikini, au lac Mi-ni-si-na-kwa oui oui!»

GREGORY ROTHEINGHAM
À la fin de la journée, les jeunes vont tout voir en double. Alors ça devient facile de leur faire croire

qu'ils ont pêché trop de poissons et qu'ils ont dépassé la limite. Et bang! la police leur donne des *tickets*!

ANNIE-FRANCE BRAZEAU
Je suis sûre que les étudiants vont beaucoup apprécier de pêcher des poissons qui ont des bedaines de bière.

GREGORY ROTHEINGHAM
Et n'oubliez pas que le lac de bière est là toute l'année! Au mois de juin, il y aura un grand Festival de la bière. Tous les 16 juin, on recréera le déraillement en déversant 17 wagons de bière dans le lac. Tous les 16 juin, on recréera le déraillement en déversant 17 wagons de bières dans le lac.

ANNIE-FRANCE BRAZEAU
Le lac de bière ne vous fait pas. Vous parlez en double, Gregory Rotheingham.

GREGORY ROTHEINGHAM
Et à la fin de la journée, les policiers donnent des *tickets*!

ANNIE-FRANCE BRAZEAU
Bien sûr. Mais vous avez aussi un projet de relance économique avec une usine de homard.

GREGORY ROTHEINGHAM
Ah oui! Le *Gogama Lobster*...

ANNIE-FRANCE BRAZEAU
Il y a du homard à Gogama?

GREGORY ROTHEINGHAM
Ben non, le *Gogama Lobster* est fait avec du brochet.

ANNIE-FRANCE BRAZEAU
Le *Gogama Lobster*, c'est du brochet. Ça, c'est une idée qui doit venir du lac de bière. Remarquez qu'après le café décaféiné et la bière sans alcool,

pourquoi pas du homard sans homard? Expliquez-moi ce que c'est exactement, le *Gogama Lobster*.

GREGORY ROTHEINGHAM
C'est une recette locale faite avec de minces filets de brochet tranchés en morceaux et bouillis pendant sept minutes dans l'eau salée. Les morceaux forment comme des frisettes qu'on fait revenir dans du beurre à l'ail. On va faire du *Gogama Lobster* en canne et le vendre partout dans le monde. Attention, Capitaine High Liner!

ANNIE-FRANCE BRAZEAU
Et vous n'avez pas peur d'avoir des problèmes avec l'appellation «homard» de votre produit?

GREGORY ROTHEINGHAM
Non, on a mis une petite étoile à côté du nom et au bas de l'emballage, en petits caractères, on a écrit: 100% brochet.

ANNIE-FRANCE BRAZEAU
Exactement, comme on a fait sur votre contrat, sauf que vous, au bout de la petite étoile, c'est écrit: bénévolat.

GREGORY ROTHEINGHAM
Ce qui sera beau, Annie-France, c'est qu'une telle usine créerait des centaines d'emplois, donnerait de la vigueur à l'économie et, tous les jours, à la sortie de l'usine, les policiers donneraient des *tickets*.

ANNIE-FRANCE BRAZEAU
Ah, que de beaux projets pour les Gogamois!

GREGORY ROTHEINGHAM
Gogamiens!

Annie-France Brazeau
Gogaméens... Gogamaltèque...

Gregory Rotheingham
Peut-être Gogamais?

Annie-France Brazeau
Ça vaudrait la peine de faire un rapport sur le sujet, Gregory Rotheingham.

Gregory Rotheingham
Trop tard, j'ai déjà un sujet pour mon prochain rapport: les grandes fatigantes en visite hors de leur habitat naturel.

Annie-France Brazeau
Ben alors, voilà, je vous remercie, Gregory Rotheingham. Je vous rappelle que votre rapport *Go! Go! Gogama!* est un incontournable du monde du rapport et on vous retrouvera très bientôt.

Gregory Rotheingham
Merci Annie-France.

Votre fils au loin

Collé un timbre sur ma lettre
En pensant payer le prix
De la belle vie dans la grande ville
Que je m'étais choisie
Tu prendras soin de toi, mon gars
Que mon père m'avait dit
Tu sais que quoi qu'il arrivera
T'as une place ici

J'ai signé : Votre fils au loin
Prenez bien soin de vous
J'ai écrit : Votre fils va bien
J'me sens ici chez nous

De temps en temps, je téléphone
Oui, je sais bien, c'est pas souvent
Mais une lettre, c'est la bonne manière
De dire ce qui est important
Je travaille fort, mais je tiens le coup
Pas du tout envie de lâcher
Mais je pense quand même à vous
Eh oui, parfois vous me manquez

J'ai signé : Votre fils au loin
Prenez bien soin de vous
J'ai écrit : Votre fils va bien
J'me sens ici chez nous

Je voyais loin, je pensais grand
Mais dans la capitale
Des rêves, des rêves, il y en a tellement
Qu'enfin, on les voit mal
Je prends l'autobus chaque matin
La foule est tellement dense
Le défi c'est de gagner mon pain
Sans perdre mon espérance

J'ai signé : Votre fils au loin
Prenez bien soin de vous
J'ai écrit : Votre fils va bien
J'me sens ici chez nous

Salut Verner!

Les voyageurs sur la route 17 en provenance de Sudbury voient soudain la forêt reculer, l'horizon s'ouvrir et les champs s'étendre dans une plaine destinée à être une prairie laitière. Une rivière étroite comme une ruelle serpente dans la plaine ; elle frôle et câline la Transcanadienne. La Veuve, disent en français les panneaux de la province. Ce nom laisse imaginer la femme, en taisant son nom. Certains disent que c'était à l'origine la rivière Beuve. On aurait donc corrigé la majuscule. Tant mieux pour la poésie du pays.

Entre la route et la rivière, c'est Verner, village « fier de ses droits, fidèle à ses traditions », comme c'est écrit, en français, sous les armoiries du canton. La population de Verner, quinze cents habitants, est à forte majorité française, comme en témoignent les beaux noms de plusieurs commerces et institutions : le restaurant L'Écho, la Cuisine du soleil, la Villa du bonheur, la rue Principale, l'école Marguerite-d'Youville et l'église Saint-Jean-Baptiste. À côté de l'église à Verner, il y a une plaque de la Société historique de l'Ontario. Mine de rien, c'est le détail le plus incongru du paysage. Car cette plaque en plein cœur de Verner rend hommage à un homme qui ne croyait pas en Verner.

Charles Alfred Paradis : prêtre rebelle, justicier fougueux, colonisateur visionnaire, tempérament volontaire, brasseur de m... mémorables controverses. C'était un homme qui savait croire et surtout faire croire en des pays qui n'existaient pas encore. Pourtant, son village de Domrémy, le grand rival de Verner, n'existe plus aujourd'hui.

Notre homme avait déjà fait bien du chemin avant d'arriver dans le Nipissing. Il faut savoir par où il est passé pour comprendre qui il était à son arrivée.

Charles Paradis

Charles Paradis, né en 1848 dans le Kamouraska, est devenu oblat à la surprise de ses maîtres. Jeune homme trapu, mais expansif, ses maîtres le voyaient, et je cite, comme « un fou, un imaginaire, un buté, un écervelé en théorie et en pratique ».

Au début, il a enseigné l'art à Ottawa. Il en avait le talent, comme en témoignent ses magnifiques paysages nordiques conservés aux Archives nationales. Puis en 1880, à 32 ans, il a fait son premier voyage en Nouvel-Ontario et accompli son premier miracle : il a attrapé, à l'aide d'une perche de cèdre ancrée dans une roche, la plus grosse truite jamais sortie du lac Temagami. Soixante livres, monsieur ! presque aussi longue que son canot, croyez-en la parole du gérant du poste de traite. C'est comme ça qu'un pays vous saisit l'esprit.

Le revoici donc en 1882, nommé missionnaire au Témiscamingue. Cette fois, il y vit une histoire à chanson de mensonges : au lieu d'être transporté par le bateau, il a transporté le bateau. Charles Paradis et ses compagnons ont toué et halé sur l'Outaouais la coque du Mattawan, le premier bateau à vapeur du lac

Témiscamingue. Ça se dit bien, jusqu'à ce que les câbles cassent dans des rapides de six milles.

Ensuite, Charles Paradis a traversé en canot ce pays neuf jusqu'à Moose Factory. Il a étudié son climat et ses terres pour défaire les préjugés. Selon lui, tout ce pays était propice à l'agriculture, même les plaines de la baie de James. Avec son compagnon, le père Nédelec, il s'est tant disputé qu'il est revenu seul. Sa frasque a coûté 100 $ en dépenses aux Oblats. Le petit père se faisait payer une réputation.

À son retour, Charles Paradis était devenu celui qu'Arthur Buies a décrit comme « ce modeste oblat dévoré d'une ambition patriotique que ne pouvait contenir la sphère où l'emprisonnaient ses humbles fonctions de missionnaire, et dont l'intelligence, écartant les voiles de l'avenir, lui avait révélé ce que pouvait devenir [...] la vaste contrée où il avait jusque-là exercé obscurément son ministère ». Le rapport du père Paradis au ministre des Travaux publics, 70 pages écrites à la main, vous pouvez le lire dans le site Internet des Archives nationales du Québec.

Le problème étant le transport, la solution serait simple : de la dynamite à l'embouchure du lac Témiscamingue, pour l'abaisser ; un barrage sur la rivière des Outaouais, pour la relever. Tout ça noierait les rapides et permettrait la navigation. On ne l'a pas laissé faire. Mais retenez la dynamite, elle reviendra. Quant aux *mosus* de moustiques, Paradis avait la solution là aussi : son *Maringouinifuge*, formule brevetée. En tout cas, son rapport a si bien vanté le pays que les Oblats ont créé la Société de colonisation du Témiscamingue. Mais ils ont mis à sa tête un autre que lui. Le turbulent père Paradis inquiétait ses supérieurs. À son grand désarroi, ils l'ont écarté en l'envoyant dans le Maniwaki. Leur prudence leur a rapporté quoi ? Un immense scandale : l'affaire Gilmour, où le père Paradis a acquis une réputation nationale.

 Simplifions une histoire complexe. Le gouvernement du Québec avait concédé des terres au père Paradis. Lui, il les vendait aux colons, qui à ce titre avaient le droit d'y bûcher. Mais ces mêmes terres avaient aussi été concédées à la compagnie forestière Gilmour. Préférant le bras de fer aux recours judiciaires, Gilmour marque de ses sceaux le bois bûché par les colons en leur donnant une compensation dérisoire. Indigné par cette injustice, le père Paradis remplace les sceaux de Gilmore par les siens. Gilmour crie au vol. Scandale : un prêtre est sous mandat d'arrêt ! La presse du Québec s'empare de cette affaire qui oppose les lois contradictoires de deux gouvernements successifs. Les journaux rouges sont pour Paradis, les journaux bleus sont contre. Si vous comprenez le dicton — le ciel est bleu, l'enfer est rouge —, vous voyez bien que ce Paradis est de la mauvaise couleur. Il dérange ses supérieurs et tant pis pour le vœu d'obéissance. L'affaire atteint les hauts tribunaux et Charles Paradis en sort vainqueur, grand héros du petit peuple.

 Mais le fougueux père a dit une phrase de trop. Il a dit que Ross, l'ancien premier ministre bleu, lui avait offert un pot-de-vin de 15 000 $ contre sa trahison des colons. C'est le genre de chose qu'il ne faut jamais dire parce qu'on ne pourra jamais le prouver. Ross se plaint vigoureusement auprès du supérieur des Oblats, le père Augier. Celui-ci demande à Paradis de se rétracter. Pensez-vous qu'il allait se rétracter ? Conséquence : le voici maintenant banni plus loin encore, à Buffalo, dans l'état de New York, où il s'installe dans un presbytère… sans permission. Les policiers viennent l'en expulser. C'est au tour du père Paradis de se plaindre vigoureusement du traitement de ses supérieurs. Il ira se défendre jusqu'à

Paris et à Rome. Mais à la fin, on l'expulse de l'ordre des Oblats. Jusqu'à la fin de ses jours, le père Charles Paradis ne fera plus confiance aux autorités religieuses. Mais on dit aussi que jusqu'à la fin de ses jours, le père Augier n'a jamais pu entendre prononcer le mot *paradis* sans tiquer.

À 42 ans maintenant, Charles Paradis, expulsé du Témiscamingue, du Maniwaki, du Canada puis des Oblats, garde quand même des amis en haut lieu. Ceux-ci convainquent l'évêque de Peterborough de lui faire une petite place aux confins de son diocèse. Le père Paradis sera agent colonisateur des environs du lac Temagami. En 1893, il arrive dans le Nouvel-Ontario avec des compagnons. Il s'installe d'abord dans une baie du lac Temagami qu'il appelle Sacré-Cœur et qui s'appelle aujourd'hui Sandy Inlet. Il imagine ces rives parsemées de fermes prospères. Mais il sait qu'il faudrait commencer par coloniser plus au sud, aux abords de la voie ferrée. Donc, à deux milles à l'ouest de Verner, il construit une chapelle, une résidence et une scierie. Il nomme l'endroit Domrémy, en évoquant Jeanne d'Arc, la sainte qui a bravé les autorités, comme lui. L'été, il se rend de Domrémy au lac Temagami par les rivières. Mais pour l'accès en hiver, il ouvre en fendant la forêt un chemin de 26 milles en ligne droite qui suit la limite du comté. Cet ancien chemin est aujourd'hui presque entièrement envahi par la végétation, mais les gens de Verner le connaissent encore. Ils l'appellent « la marche du père Paradis ».

Jusqu'à ce moment-là, la colonisation le long du Canadien Pacifique avait été surtout l'affaire des Jésuites. Les curés locaux n'ont pas apprécié la présence de ce prêtre autonome. Son coup d'éclat du printemps de 1895 n'a pas aidé l'affaire. Ce printemps-là, le père Paradis est allé dans les chantiers du Michigan y retrouver des Canadiens français expatriés au péril de leur langue et de leur foi. Notre homme savait faire croire en des pays à venir; en voici la preuve. Le père Paradis a soulevé une vague de rapatriement impliquant environ 2 000 personnes. Trois ou quatre cents sont arrivés en premier. Instantanément, Domrémy éclipsait Verner. Mais peu avait été mis en place pour les recevoir. Certains sont rentrés au Michigan, désillusionnés. Beaucoup ont travaillé avec vaillance pour s'installer, leur prêtre bien-aimé trimant dur à leur côté. Mais une minorité s'est agitée, sous l'incitation du curé Desaulniers. Il a dénoncé Paradis au gouvernement. Il l'a accusé de vouloir détruire Verner et Warren. Il l'a même accusé de fraude, ce qui était un bien gros mot pour dire que Paradis, à son avis, investissait mal les fonds de la colonisation. Des enquêteurs venus voir sur place ont reçu une pétition d'appui au père Paradis signée par la majorité des rapatriés. Et on a pu prouver que des signatures sur la contre-pétition de Desaulniers étaient fausses. Cependant, un envoyé de l'évêque, le père Laurent, a vu les choses autrement : « Tout son projet pour le lac Témagami est une chimère et si ce coin de pays n'était pas si reculé, aucun homme sain d'esprit ne l'écouterait. » Il a décrit le père Paradis comme un rusé malhonnête au discours violent contre ses opposants.

Puis, encore une fois, le père Paradis a posé un geste de trop. En mai 1895, l'église de Verner étant abandonnée, il l'occupe. Le père Ferron de Sturgeon Falls délègue deux paroissiens pour aller la reprendre. Résultat : une échauffourée à coups de bâton. Le père Paradis fait arrêter les deux paroissiens. L'évêque s'en mêle et finit par lui retirer tous ses droits dans la région, sauf sur le lac Temagami, comme missionnaire des Amérindiens. L'évêque discipline aussi les curés Ferron et Desaulniers pour… abus d'alcool.

Mais le père Paradis avait encore des amis au gouvernement. En 1896, il devient agent de la Société de colonisation ontarienne. L'année suivante, un grand malheur : un feu à Domrémy détruit sa chapelle, sa scierie et son moulin à grain. Le père Paradis est criblé de dettes. Le nouveau curé Langlois de Verner le fait brièvement emprisonner pour ça. Un autre enquêteur gouvernemental vient voir. Paradis s'en tire encore sans blâme. Puis, dans sa période la plus noire, le père Paradis a reçu un bel appui, mais de l'extérieur. Le journal *La Patrie* de Montréal envoie un journaliste. Un long article signé « Henri » vante les projets du père Paradis. Il dit que Domrémy sera un haut lieu du Nipissing quand le père aura fait harnacher les chutes de la Temagami pour bâtir un chemin de fer électrique jusqu'au lac. Il dit même que l'emplacement est mieux choisi que Verner, parce que les chemins provinciaux sont normalement à la limite des comtés. Malgré tout, le couperet est tombé sur ces rêves. En 1899, la Société de colonisation provinciale a cessé de financer son agent controversé. Le dynamisme fougueux du prêtre autonome a perdu. La règle et l'ordre des curés conventionnels ont gagné.

Le père Paradis a quand même continué de recruter des colons. À son dire, il a rapatrié huit mille Canadiens français, éparpillés de Mattawa à Sault-Sainte-Marie. Certains doutent qu'il y en ait eu autant, mais ce qui est sûr, c'est qu'il y a en eu beaucoup. On a continué de le persécuter, sous prétexte maintenant que le Canadien Pacifique lui faisait un traitement de faveur. Après 1905, Charles Paradis s'est replié au loin sur sa ferme du lac

Temagami où il tenait un orphelinat. En 1909, son esprit d'entreprise a resurgi : pour financer l'éducation des enfants, disait-il, il prospectait dans le nord, près de Timmins. Il y a même trouvé un peu d'or. À soixante ans, notre homme a fait à raquettes soixante milles de jour et de nuit pour enregistrer un *claim* à Sudbury avant un rival. S'il n'avait pas changé son projet de prospection, disait-il, c'est lui qui serait tombé le premier sur le grand gisement de Hollinger.

Maintenant, vous souvenez-vous de la dynamite et de lacs à vider ? Eh bien, en 1909, le prospecteur Paradis et ses hommes ont dynamité l'embouchure du lac Frederick House. Désastre : le lac s'est presque vidé ! Le petit père se vantait d'avoir donné de bonnes terres alluviales à la colonisation. Le ministre responsable n'était pas impressionné. Il a refusé l'offre quand le père Paradis s'est porté volontaire pour aller remettre le lac à sa place. Plus tard, le chemin de fer menant à Timmins a été bâti sur les terres qu'il a dégagées.

À la mission du Sacré-Cœur à Sandy Inlet, les années ont passé. La colonisation sur le lac n'était pas permise. Le père Paradis y faisait figure folklorique en vendant ses légumes aux touristes. En 1924, un journaliste du *Star Weekly* y a joint le vieillard de 76 ans. Il a trouvé là un homme vif, animé de l'amour du pays, dents blanches intactes, nez crochu, visière en carton au front, barbe blanche en deux longues pointes sur sa poitrine. Cet homme lui a dit à peu près ceci : « Le monde n'est plus ce qu'il était. Trop de gens s'entassent dans les villes, rêvent de richesse et ne sont jamais satisfaits. Ils ne réfléchissent à rien, mais pensent tout savoir. Je veux pour eux le bonheur de la vie simple que j'ai connue dans la nature. »

Franchement, ce que le père Paradis a vécu dans la nature nord-ontarienne, c'est tout sauf le bonheur de la vie simple. Plus tard cette année-là, un incendie a détruit ses dernières possessions. Il a perdu ses nombreuses aquarelles, des tableaux précieux qu'il avait achetés à Rome et un dictionnaire français-ojibwé qu'il rédigeait depuis des années. Une de ses dernières consolations a été de se rendre au Collège Sacré-Cœur de Sudbury pour voir des enfants de ses colons obtenir leur diplôme. Peu après, Charles Paradis s'est rendu à Montréal, où il est mort en 1926.

Aujourd'hui la végétation a envahi sa ferme du lac où des ruines pourries demeurent. Un camp d'été pour jeunes a occupé le site. Et Domrémy? Eh bien, allez-y pour voir, à deux milles à l'ouest de Verner, juste à la limite du comté de Caldwell. Il n'y a pas de village là, même pas une affiche. De l'œuvre et des rêves d'un homme plus grand que nature, il reste la descendance de ses rapatriés. Quant à sa marque sur le paysage, il a laissé un sentier en forêt et une plaque, au milieu d'un village qui l'a craint, à côté d'une église dont les curés l'ont malmené.

Verner a prospéré, grâce à d'autres personnalités fortes qui ont suivi des voies plus conventionnelles. Mais les voies conventionnelles mènent ailleurs aujourd'hui, comme le prouvent l'exode de nos jeunes et le plafonnement de nos industries. Les leaders légitimes de nos jours ne semblent pas savoir en changer le cours. Si nos rêves d'hier avaient été plus audacieux, le Nouvel-Ontario s'en porterait-il pire ou mieux? Si demain nous amenait un autre fonceur de la trempe de Charles Paradis, serait-il à sa place ici? Verner, village fier de ses droits, fidèle à ses traditions, lesquelles au juste s'ouvrent sur l'avenir?

Par un chemin de bois

Quand c'est le temps de s'en aller, il faut pas discuter
Notre cachette, tu la connais
Un coin à notre goût, notre petit coin à nous
Au bord du lac dans la forêt
La solitude à deux, où veux-tu trouver mieux
Pour voir ta vie t'appartenir
Toi et moi, seuls, ma belle, dans un monde naturel
Ça fait du bien d'y revenir

C'est souvent comme ça que ça va, dans la vie
À force de faire ce qu'on te dit, tu sais plus t'es qui
La place où être bien, c'est pas toujours très loin
Mais l'affaire, c'est que souvent
On ne s'y rend pas facilement

C'est un mauvais petit chemin, mais on y passe bien
Avec la machine qu'on a
Et une fois arrivés et tout bien installés
On fait ce qu'on veut, y a personne là
Personne pour surveiller, pas de voisins pour chialer
Si notre feu fait de la boucane

On peut en faire du bruit, si jamais ça nous l'dit
Sans s'inquiéter de qui ça tanne

C'est souvent comme ça que ça va, dans la vie
Où c'est le monde qui mène, il faut que tu fasses ce
   qu'on dit
Pour tout faire à sa tête, c'est pas si loin peut-être
Mais l'affaire c'est que bien souvent
On ne s'y rend pas facilement

Chez nous, c'est un village, mais des fois c'est une cage
On ne fait pas tout ce qu'on veut
Y a bien assez que la semaine, c'est le travail qui mène
Un jour on vivra mieux
Quand la retraite viendra, on va pas rester là
On passera tout notre temps
Où tout est vert et bleu, où on respire mieux
Sous le soleil, à notre camp

C'est souvent comme ça, qu'ils disent, dans la vie
À force de faire ce qu'on te dit, tu sais plus t'es qui
C'est au bout d'un mauvais chemin que tu tiens ton
   destin
Même si pour ça, on s'en sort pas…
Il faut passer par un chemin de bois

La parade

J'ai toujours aimé regarder passer les gros chars. C'était ici, à Verner. J'étais toute petite et regarder passer le train des passagers, c'était ma parade à moi. J'imaginais que dans les wagons, c'était plein de beaux personnages déguisés et costumés, comme sur les chars allégoriques de la parade de la Saint-Jean-Baptiste.

Un jour, ma tante Madeleine qui habitait la grand-ville est venue nous visiter. Elle est arrivée par le train. On l'attendait en face de la gare quand on a entendu le sifflet du train qui annonçait son arrivée. Tout de suite à travers le boisé, j'ai vu le gros œil jaune de la locomotive qui fonçait sur nous. Le convoi s'est alors mis à modérer et par la fenêtre de son wagon, ma tante Madeleine nous faisait des signes de la main et de grands sourires, comme une princesse de contes sur un char allégorique. Deux minutes plus tard, elle sortait par une portière dans un nuage de vapeur, comme une apparition de la Sainte Vierge. Elle avait une belle robe blanche et bleue, des gants et un chapeau de paille blancs. Elle sautillait en marchant vers nous, au milieu d'autres voyageurs tristes, en habits noirs et en habits gris. Elle brillait comme le petit mouton blanc de la parade de la Saint-Jean-Baptiste. Elle était si jolie, ma tante Madeleine. Je l'aimais beaucoup.

 Elle est restée chez nous juste quelques jours, puis elle a repris le train et n'est plus jamais revenue. Je n'ai jamais su pourquoi, mais j'ai surpris ma mère raconter à la voisine que sa sœur Madeleine était une femme d'affaires influente qui brassait de grosses affaires avec des hommes très très importants à Sudbury, à Toronto, à Montréal, même à New York. C'est pour ça qu'elle n'avait plus le temps de venir nous visiter. J'ai aussi entendu mon père chuchoter à ma mère en ricanant que les grosses affaires que brassait ma tante Madeleine s'appelaient Léon, Georges, Armand, Henri, Pierre, tous des hommes très importants. Oui, j'ai tout entendu, mais je n'ai rien compris du tout!

 Le train des passagers a continué de passer chez nous encore quelques années, en sifflant très fort, mais sans jamais ramener ma tante Madeleine. Souvent, moi, au son du sifflet, je courais dehors pour envoyer la main aux gros chars, au cas où ma belle ma tante serait parmi les passagers qui vont à Sudbury et qu'elle verrait mon salut. Plus tard, le maire et des hommes d'affaires sérieux de Verner ont décidé de fermer la gare. Non seulement, ils l'ont fermée, la gare, mais ils l'ont démolie, comme si le maire ne voulait plus voir personne arriver au village ou voir personne quitter le village. Finis les gros chars. Finis les passagers. Adieu ma tante Madeleine! Commençaient mes grandes déceptions.

 Je n'avais plus rien à regarder passer, sauf, une fois par année, la parade de la Saint-Jean-Baptiste. Mais c'était tellement beau chez nous, à Verner, la parade du 24 juin, c'était l'événement de l'année. Il y avait au moins quinze tracteurs avec des beaux rubans qui tiraient les chars allégoriques sur lesquels trônaient des gens du village habillés en personnages colorés, beaux comme ma tante Madeleine. Jamais gris, jamais noirs. À chaque année, ce jour-là, même si c'était un jour de semaine, toute la famille s'habillait en dimanche pour aller s'installer en face de l'hôtel Commercial pour voir passer la parade.

Moi, c'était toujours le dernier char allégorique que j'attendais avec impatience. Celui qui amènerait le petit saint Jean-Baptiste aux cheveux blonds tout bouclés naturellement, avec de grands yeux bleus et vêtu d'une peau de mouton. Et, à ses pieds sur de la paille, un vrai mouton en vie, bouclé comme l'enfant et tellement blanc qu'on aurait dit que les organisateurs l'avaient trempé dans l'eau de Javel. Depuis au moins cinq ans que je venais à la parade avec mes parents, j'étais complètement fascinée par ces petits étrangers blonds, frisés naturel et aux grands yeux bleus. Je me demandais bien d'où ils venaient ces beaux enfants-là, parce que chez nous dans le village, c'était plutôt rare les blonds aux yeux bleus. Je me disais que, comme pour les petits moutons blancs, on en faisait sans doute l'élevage dans une ferme pas loin de chez nous.

Cette année-là, je devais bien avoir sept ans. C'était deux jours avant la parade. À l'école, pendant la récréation, mon amie Diane Beaudry m'a demandé :

— Sais-tu qui va faire le petit saint Jean-Baptiste, à la parade samedi ?

— Non, je ne le sais pas et toi non plus tu ne le sais pas, que je lui ai répondu. C'est comme un mystère, personne ne le sait sur la terre !

— C'est mon frère ! qu'elle m'a annoncé en se vantant comme un paon, la Diane Beaudry.

— Ton frère ? Ton frère ? Ton frère Jean-Pierre ? Jean-Pierre Beaudry va personnifier le petit saint Jean-Baptiste à la parade ?

Elle a fait signe que oui, avec un petit air précieux. Je n'en revenais pas. Jean-Pierre Beaudry ! Non, non, non. Oui, il avait bien les cheveux blonds et les yeux bleus, mais il avait les cheveux raides comme de la paille. Et puis, je me demandais bien comment ce petit garçon si ordinaire avec des écorchures sur les genoux, qui me criait toujours des noms et me lançait des roches pourrait personnifier un saint du ciel, le patron même de notre paroisse Saint-Jean-Baptiste. Et dire que par-dessus le marché, Jean-Pierre Beaudry avait déjà eu des poux, sa sœur me l'avait dit !

— Je ne te crois pas. Saint Jean-Baptiste, ça ne peut pas être ton frère, que je lui ai dit en tournant les talons.

— Tu verras bien ! Tu verras bien ! qu'elle m'a lancé en faisant sa fraîche et en rajoutant, et puis, dis-le pas, c'est un secret.

En rentrant chez nous, je l'ai dit tout de suite à ma mère, son secret. Ma mère, qui est comme une sainte et qui ne dit jamais rien de mal contre son prochain, n'a rien dit avec sa voix, mais elle a grimacé si fort que c'était pire que si elle avait hurlé. Après, elle m'a serrée dans ses bras en me disant « T'en fais pas, c'est une blague qu'elle t'a racontée, ton amie Diane ».

Le matin du 24 juin, on s'est tous habillés en dimanche et j'ai eu le cœur serré jusqu'à temps qu'on parte toute la famille. On a longé la rue Principale vers l'hôtel Commercial. On marchait vite pour avoir notre place. En passant devant l'église, j'ai vu que les portes étaient grandes ouvertes. Évidemment, que je me suis dit, le bedeau veut que saint Jean-Baptiste voie passer sa parade. C'est là qu'il m'est passé une idée folle par la tête. J'ai grimpé les marches de l'église deux par deux, je suis rentrée dans l'église et j'ai marché sur la pointe des pieds jusque dans le chœur. Il y avait une grande fresque peinturée au plafond qui montrait saint Jean-Baptiste occupé à verser de l'eau sur la tête de Jésus pour le baptiser. Sur un petit coussin en satin cousu avec du fil doré, il y avait un beau petit mouton blanc qui les regardait. Vite, vite, vite, j'ai prié saint Jean-Baptiste de faire un miracle pour empêcher ce mal élevé de Jean-Pierre Beaudry de le représenter sur le dernier char allégorique. Je ne voulais pas trop le déranger, mais j'espérais qu'il m'ait bien entendue et que ça lui tente de faire un miracle, vu que c'était sa fête!

Là, j'ai couru rejoindre les autres devant l'hôtel Commercial. Les parents étaient debout sur le trottoir, nous les petits, debout sur la galerie de l'hôtel, on voyait par-dessus la tête des grands. C'était plein de monde sur la rue Principale. Ça parlait fort, ça riait dans tout le village. Toutes les *madames* avaient mis du rouge à lèvres et du fard à joues agencés à leurs belles toilettes. Les grands comme les petits buvaient de la liqueur et mangeaient des bonbons. Même la commère du village ne rouspétait pas ce jour-là.

Tout à coup, à l'autre bout de la rue Principale, en face de l'école, la fanfare a accordé ses instruments, puis a ouvert la marche. Le défilé s'est mis en branle. Les tracteurs ont réchauffé leurs moteurs pour tirer les chars allégoriques, la fanfare jouait, les majorettes marchaient comme des soldats en bottillons blancs en faisant tourner leurs bâtons qui brillaient au soleil. Tout le monde était là. Le curé, le bedeau, le maire, la mairesse, les marguilliers, les chevaliers de Colomb, les dames de Sainte-Anne, le Cercle des fermières, tous maquillés et costumés comme des figurines de gâteau de noces et bien installés sur de splendides chars allégoriques qui se sont mis à défiler devant nous. Cette année, c'était encore plus beau que d'habitude. Tout le monde applaudissait fort en lançant d'éclatants grands bravos aux participants. Ça riait et ça criait si fort qu'on n'a même pas entendu l'angélus et ses douze coups de midi.

Et finalement, au loin, en face du couvent des sœurs, sur le dernier char, j'ai vu briller la laine blanche du petit mouton et les boucles d'or du petit saint Jean-Baptiste. Ils approchaient. Mon cœur battait plus fort que la grosse caisse de la fanfare. Tout à coup, je l'ai reconnu... Non, ce n'est pas vrai... Oui, c'est vrai... C'était lui, pas d'erreur, c'était bien lui, Jean-Pierre Beaudry! C'était Jean-Pierre Beaudry, tout blond, tout bouclé, comme une vraie carte postale. J'étais tellement déçue. Déçue comme quand ma tante Madeleine n'est plus revenue chez nous, comme quand le train des passagers s'est arrêté de passer à Verner, comme quand le maire a démoli la gare. Ma mère s'est retournée vers moi en me disant : « Tu vois, ma petite fille, ce doit être sa mère qui l'a frisé hier soir. » Je pense qu'elle aussi a eu envie de pleurer en essuyant une larme qui avait coulé sur ma joue. Et, comble de malheur, le moteur du tracteur a calé et le convoi de la parade s'est arrêté juste devant nous avec Jean-Pierre Beaudry qui souriait et m'envoyait la main en faisant bondir ses fausses bouclettes blondes. J'ai fermé les yeux plutôt que de lui tirer la langue. J'étais bien élevée, moi.

Mais, comme il y a une justice pour les saints Jean-Baptiste, il est arrivé un beau petit nuage gris foncé, presque noir qui s'est arrêté juste au-dessus du char allégorique et tout à coup *pshhhhh*, une grosse pluie froide s'est abattue sur l'imposteur. Tant pis pour lui, que j'ai pensé. On ne joue pas avec l'image des saints. Le petit mouton n'a pas défrisé lui, mais Jean-Pierre Beaudry... À ce moment précis, je l'ai vraiment reconnu avec ses cheveux raides qui lui collaient de chaque côté du visage. Ô miracle! j'ai pensé. Saint Jean-Baptiste vient de verser de l'eau sur la tête de Jean-Pierre Beaudry.

Tout de suite, le soleil est revenu et le tracteur a reconduit les deux frisés tout mouillés jusqu'au bout du village. Jean-Pierre braillait, le mouton bêlait, la foule bougonnait. Tout le monde était déçappointé. «Même pas un vrai saint Jean-Baptiste, même pas un vrai p'tit blond frisé naturel», que chacun répétait. Pour la première fois dans le village, la parade était un peu gâchée.

On est rentrés chez nous, en silence, en suivant papa et maman qui ne riaient plus. Je pense bien que j'étais la seule à rire aux éclats par en dedans. En passant devant l'église, j'ai monté les marches quatre par quatre, cette fois, pour aller remercier et féliciter saint Jean-Baptiste. «Le plus beau miracle de la Bible, de l'Évangile de l'Ancien et du Nouveau Testament», que je lui ai dit. J'étais tellement fière de notre saint patron. J'étais fière de moi aussi. Je me sentais comme ma chère ma tante Madeleine, parce que comme elle, comme une femme d'affaires influente, je venais de brasser une grosse affaire avec l'homme le plus important de Verner: saint Jean-Baptiste!

Danièle Vallée

Incitatif pédant : Vers un Verner vert

ANNIE-FRANCE BRAZEAU
Bonjour, ici Annie-France Brazeau, vous écoutez *Incitatif pédant*.

On entend le thème musical de l'émission.

Nous recevons aujourd'hui, malgré la demande générale, Gregory Rotheingham, du ministère des Opérations improbables et des Études interminables.

GREGORY ROTHEINGHAM
Bonj…

ANNIE-FRANCE BRAZEAU
Gregory Rotheingham, auteur de rapports incontournables dans le monde du fonctionnariat, vous avez notamment écrit *Bing Bang à Pénétang*. Vous venez maintenant nous présenter votre plus récent rapport, savamment intitulé *Vers un Verner vert*.

GREGORY ROTHEINGHAM
Bonj…

ANNIE-FRANCE BRAZEAU
Vous avez écrit un livre sur votre traversée des Grands Lacs en pédalo, livre intitulé *Donnez-moi un rasoir,*

S.V.P., ça presse. Vous revenez tout juste d'un congrès international de médecine à Kingston, où vous êtes allé présenter votre méthode «guérir les tendinites en jouant du violoncelle». L'accueil qu'on vous a réservé a été plutôt froid et vous avez dû quitter le congrès sous forte escorte policière. Votre couleur préférée est le fuchsia.

> *Il va répondre. Elle enchaîne.*

Votre chiffre chanceux est 457 982.

> *Il va répondre. Elle enchaîne.*

Et on pourrait continuer longtemps comme ça, mais ça serait exagéré. Gregory Rotheingham, bonjour.

GREGORY ROTHEINGHAM
Bonjour Annie-France.

ANNIE-FRANCE BRAZEAU
Gregory, vous avez étudié la communauté de Verner dans la perspective de diversifier son économie et, à la lecture de votre rapport,

> *Présentant un rapport gigantesque*

…on se rend bien compte que vous ne manquez pas d'imagination.

GREGORY ROTHEINGHAM
Tout à fait, Annie-France. Comme à notre habitude, nous avons dépensé des milliers de dollars avec les plus grands spécialistes de… de… de… du «dépensage» de milliers de dollars.

ANNIE-FRANCE BRAZEAU
Et si j'en juge par le titre de votre rapport, *Vers un Verner vert*, on devine que vous suggérez à cette région agricole de prendre le virage environnemental.

####### Gregory Rotheingham
Absolument, Annie-France. Il existe déjà une économie agricole florissante à Verner, et si les résidents suivent les conclusions de l'étude de notre ministère, ils deviendront un exemple mondial d'une économie génétiquement modifiée 100 % biologique.

####### Annie-France Brazeau
Une économie génétiquement modifiée 100 % biologique. Très tendance mais…

jeu de mains

le génétiquement modifié et le biologique ne sont-ils pas à l'opposé l'un de l'autre ?

####### Gregory Rotheingham
Très tendancieuse, votre remarque, et non ils ne sont pas opposés l'un à l'autre. Verner rassemblera des écologistes et des futuristes parce que la terre, madame Brazeau,

s'emportant

la terre, elle est organique et le fruit de cette terre, même s'il est un peu aidé par des éprouvettes, sera toujours organique !

####### Annie-France Brazeau
Raisonnement éprouvant. Mais concrètement, quels sont les projets que vous proposez ?

####### Gregory Rotheingham
Eh bien, vous savez que l'Ontario est la province la plus polluée au Canada.

####### Annie-France Brazeau
C'est toujours bon d'être numéro un quelque part.

Gregory Rotheingham
En Amérique du Nord, on est numéro deux derrière le Texas.

Annie-France Brazeau
amèrement envieuse
Toujours le Texas!

Gregory Rotheingham
Eh bien, cette pollution s'arrête à Verner, Annie-France. Verner sera la reine de l'économie verte.

Annie-France Brazeau
Vous êtes un monarchiste, un roi de la patate avec ça. Gregory Rotheingham, les habitants de Verner ont-ils l'expertise nécessaire pour accomplir une pareille révolution?

Gregory Rotheingham
Absolument! Dès le XIXe siècle, le père Paradis a breveté une recette appelée le *Maringouinifuge*, qui éloignait les moustiques. Une recette 100 % biologique, à base de vessie de mouffette, de racine d'herbe à poux et de ratte de belette. Nous allons ouvrir une usine de *Maringouinifuge* et, avec l'appellation biologique, c'est un succès garanti!

Annie-France Brazeau
Gregory, le mot biologique — quoique très «tendance» — a ses limites d'attraction. Une mouffette même biologique, c'est une mouffette. Mais, dites-moi Gregory, cette recette de *Maringouinifuge* est-elle efficace?

Gregory Rotheingham
Oui, oui oui. J'en ai mis avant l'émission pis j'suis allé dehors: j'ai pas vu un moustique.

ANNIE-FRANCE BRAZEAU
On est en mars, Gregory. Ce n'est pas très concluant pour les maringouins. Par contre, pour les animatrices, l'effet répulsif est sans contredit efficace.

GREGORY ROTHEINGHAM
J'en suis ravi.

ANNIE-FRANCE BRAZEAU
Poursuivez.

GREGORY ROTHEINGHAM
Et des inventeurs, à Verner, on en trouve aussi à notre époque. Une industrie de Verner a mis sur le marché un autre gadget écologique.

ANNIE-FRANCE BRAZEAU
Peut-on parler de génie « vénérien » ?

GREGORY ROTHEINGHAM
Je dirais plutôt le génie « ver-ne-rois », Annie-France. Le génie « vénérien, » vous ne voudriez pas le côtoyer de trop proche.

ANNIE-FRANCE BRAZEAU
d'un ton suggestif

C'est vous qui le dites.

GREGORY ROTHEINGHAM
Le « Block-Elec », Annie-France !
le montrant

C'est un bidule qu'on branche à sa rallonge de voiture l'hiver. La voiture est branchée, son moteur réchauffe, mais si la température grimpe au-dessus de moins 12, l'alimentation est coupée ! Ça permet de faire des économies d'énergie.

ANNIE-FRANCE BRAZEAU
Oui. L'autre façon de faire des économies, c'est de brancher sa voiture seulement s'il fait moins 15.

clin d'œil

Mais, vous savez, avec le réchauffement de la planète, cette invention risque de devenir inutile bientôt.

GREGORY ROTHEINGHAM
Certainement, Annie-France. C'est pourquoi les inventeurs locaux sont déjà à l'œuvre pour modifier le « Bloc-Elec ». Quand la température atteindra les 30 degrés Celsius, c'est l'air climatisé qui va démarrer. Et en option, il y aura un distributeur de *popsicle*.

ANNIE-FRANCE BRAZEAU
Bon, mais ce sont des inventions déjà existantes dont vous me parlez. Avez-vous de nouveaux projets?

GREGORY ROTHEINGHAM
Certainement. Il suffit de poursuivre dans la voie tracée par nos pionniers. Dans la région, les champs produisent des céréales, dont le soya. Il faut simplement pousser cette industrie-là plus loin.

ANNIE-FRANCE BRAZEAU
Je meurs d'envie de savoir comment vous allez faire… Achevez-moi!

GREGORY ROTHEINGHAM
J'ai un plan. Vous savez que le soya est employé dans la fabrication du tofu. Mais, actuellement, le tofu est seulement utilisé en alimentation.

ANNIE-FRANCE BRAZEAU
C'est vrai qu'il y a pas beaucoup de tofu dans les balles de ping-pong.

GREGORY ROTHEINGHAM
Le secret, c'est d'augmenter les besoins de l'industrie en tofu! Comme ça, le prix des récoltes va augmenter.

ANNIE-FRANCE BRAZEAU
Vous êtes «la Main invisible du marché» à vous seul. Comment allez-vous faire?

GREGORY ROTHEINGHAM
En multipliant les utilisations du tofu.

Il montre le plan.

ANNIE-FRANCE BRAZEAU
Vous vous êtes trompé de page, Gregory Rotheingham, vous nous montrez actuellement un futon.

GREGORY ROTHEINGHAM
triomphant

C'est ça! Le futon en tofu!

ANNIE-FRANCE BRAZEAU
abasourdie

Le futon en tofu, ben oui! Pis, tant qu'à y être, moi, je pourrais me mettre une jupe hawaïenne et m'inventer un vocabulaire à la base des lettres K, W, U et G.

GREGORY ROTHEINGHAM
Attendez, imaginez les applications d'un tel matériau.

ANNIE-FRANCE BRAZEAU
Kwug. Guwk. Kuwg.

GREGORY ROTHEINGHAM
Non, écoutez, on créerait des meubles mous et moelleux. Imaginez simplement l'avantage des meubles en tofu dans les garderies ou dans les institutions psychiatriques.

ANNIE-FRANCE BRAZEAU
Ah, c'est ça, vous préparez votre retraite! Mais vous savez, le tofu, ça goûte pas grand-chose, alors j'ai un slogan pour vous : « Les meubles en tofu, pour tous ceux qui n'ont pas de goût! »

GREGORY ROTHEINGHAM
Il grogne.

ANNIE-FRANCE BRAZEAU
Mon sofa au tofu est passé date! Bon, maintenant Gregory, vous allez me faire plaisir, nous allons revenir sur la planète Terre, n'est-ce pas?

GREGORY ROTHEINGHAM
Le retour à la terre. C'est une bonne idée ça!

ANNIE-FRANCE BRAZEAU
Avez-vous d'autres projets pour Verner?

GREGORY ROTHEINGHAM
de nouveau enthousiaste

Imaginez, Annie-France, si on…

ANNIE-FRANCE BRAZEAU
l'interrompant

J'vous rappelle qu'on est sur la planète Terre.

GREGORY ROTHEINGHAM
Bien, j'avais pensé installer un laboratoire d'ingénierie génétique.

ANNIE-FRANCE BRAZEAU
Génial, enfin une bonne idée!

GREGORY ROTHEINGHAM
Oui, et dans le laboratoire, les scientifiques croiseraient certaines espèces animales pour en créer de nouvelles.

ANNIE-FRANCE BRAZEAU
Intéressant. À quel genre de croisement pourrait-on s'attendre ?

GREGORY ROTHEINGHAM
Ben, je me disais que si on croisait une vache avec une poule, on pourrait obtenir un nouvel animal.

ANNIE-FRANCE BRAZEAU
Une « voule » ?

GREGORY ROTHEINGHAM
Oui, ou une « pache » ou une « pouche ». Mais le plus important, c'est que quand on trairait la « voule », on obtiendrait un mélange à omelette. Ou pour le temps des Fêtes, du lait de poule.

ANNIE-FRANCE BRAZEAU
Le lait de poule, c'est effectivement très tendance. On pourrait aussi mélanger une mouffette et une morue pour en faire une bête particulièrement puante, voire une arme de destruction massive.

GREGORY ROTHEINGHAM
On pense aussi croiser des porcs-épics avec du bœuf, des piments et des oignons.

ANNIE-FRANCE BRAZEAU
Qu'est-ce que ça donnerait ?

GREGORY ROTHEINGHAM
Des brochettes !

ANNIE-FRANCE BRAZEAU
Audacieux !

GREGORY ROTHEINGHAM
On pense aussi utiliser des sangsues et des squelettes pour faire des tatouages écologiques.

ANNIE-FRANCE BRAZEAU
J'ai presque envie de croire à vos élucubrations. Gregory Rotheingham, avec vous le développement économique n'est pas une science : c'est une science-fiction, quoique vos effets spéciaux soient plus près de *King Kong* que du *Seigneur des Anneaux*. Savez-vous, plutôt que d'intituler votre rapport *Vers un Verner vert*, vous auriez dû l'appeler *2004, l'Odyssée de Verner*.

GREGORY ROTHEINGHAM
vexé

J'aurais aussi pu l'appeler *Invasion de vaches folles montréalaises à Verner*.

ANNIE-FRANCE BRAZEAU
Bon, eh bien, Gregory Rotheingham, c'est tout le temps que nous avions à vous accorder. Ah…

Elle éternue.

De toute façon, votre présence réveille en moi des symptômes de grippe aviaire.

GREGORY ROTHEINGHAM
Oui, mais n'oubliez pas qu'à Verner, c'est une grippe aviaire biologique.

ANNIE-FRANCE BRAZEAU
Je vais donc pouvoir mourir en santé. Gregory Rotheingham, merci.

TA SILHOUETTE QUI S'ÉLOIGNAIT

J'ai vu ta silhouette qui s'éloignait
Ton dernier salut de la main
Maintenant, j'avoue que j'espérais
Que tu allais rebrousser chemin
Je sais, je ne te reverrai plus ici
Je sais, tu as le droit de faire ta vie
Je sais, tu crois au monde qui t'entoure
Je connais aussi les risques que tu cours

Il te faut tenter ta chance
Il te faut croire en l'avenir
Tu as droit à l'espérance
Je ne veux pas te retenir
Tu as le droit à tes erreurs
Il te faut ta liberté
Je te souhaite de tout cœur
Du succès bien mérité

Je crois voir ton sourire dans une publicité
Ce n'est pas toi, je sais, mais j'aime me tromper
Je pense t'apercevoir à la télévision

Il vaut mieux que ça soit moi, pas toi, qui aie des illusions
Quand tu as dû partir, je t'ai fait mes bons vœux
C'est pas moi qui t'empêcherais de faire ce que tu veux
Je garde nos souvenirs, je vais toujours te dire
Que tu as tout ce qu'il faut, que tu vas réussir

Il te faut suivre ta route
Et y perdre ton innocence
Te mesurer à tes doutes
Et voir grandir ta confiance
Tu es libre, c'est ta vie
Ton étoile t'a réclamée
Sans demander d'où tu es partie
Ni qui t'y a bien aimée
Ni qui t'y a bien aimée

J'ai vu ta silhouette qui s'éloignait
Ton dernier salut de la main

Salut Chapleau!

Pour entrer à Chapleau, il faut passer sur un haut viaduc qui enjambe les rails en faisant d'abord une boucle complète à gauche, suivie d'un virage en épingle à droite, suivi d'un carrefour en Y. Pour en sortir, évidemment, c'est le contraire. Autrement dit, les touristes sont étourdis! Par contre, à Chapleau, la toponymie des rues est simplifiée: les rues nord-sud ont des noms de gouverneurs généraux et les rues est-ouest ont des noms d'arbres. Ce qui fait qu'à Chapleau, comme à Sudbury, on peut se retrouver à l'angle des rues Elm et Elgin.

Dans le Nord de l'Ontario, il y a peu de communautés qui ont un nom bien français comme Chapleau. C'est un peu plus étonnant quand on apprend que cette petite ville de l'Ontario porte le nom d'un premier ministre du Québec, tout comme Cartier, à 130 milles d'ici sur la voie ferrée. Des voisins, quoi! Joseph-Adolphe Chapleau et Georges-Étienne Cartier, deux Canadiens français du Québec, honorés sur la voie ferrée en Ontario. On y croyait parfois, au principe des deux peuples fondateurs, à l'époque où le chemin de fer concrétisait le Canada.

Comme tant d'autres villages, Chapleau est né du chemin de fer. Mais comme peu d'autres, Chapleau s'est développé en centre ferroviaire grâce aux ateliers du

Canadien Pacifique. Avec le chemin de fer, les chemins de bois ont fait de Chapleau une ville forestière, ce qui fait qu'à Chapleau on peut se retrouver dans un restaurant qui s'appelle « Aux trois moulins ». Comme ailleurs, Chapleau a vu ralentir ses deux moteurs économiques. La ville a moins de trois mille habitants, alors qu'elle en a déjà eu plus de quatre mille.

Chapleau a des titres de renommée internationale. Dans les environs, il y a la réserve faunique la plus étendue au monde. Il y a aussi, depuis deux ans, un festival de la nature qui fait si bien les choses en grand qu'il gagnera sa renommée mondiale, donnez-lui le temps. Et dans son cimetière, se dresse la pierre tombale d'un Français qui a signé un chef-d'œuvre littéraire canadien, vendu à des millions d'exemplaires partout au monde en des douzaines de traductions. L'auteur de *Maria Chapdelaine*, Louis Hémon, repose à Chapleau. Il est mort près d'ici, en 1913, frappé par un train, ses derniers huit dollars cachés dans sa botte, son petit poêle dans son *pack-sack*, alors qu'il partait pour l'Ouest. Il n'était pas encore le romancier mondialement célèbre qu'il deviendrait dix ans plus tard. Et le pays de Maria Chapdelaine, ce n'est pas Chapleau ; c'est Péribonka, au lac Saint-Jean.

Mais ce que moins de gens savent — et c'est dommage — c'est que Chapleau est aussi le pays du héros d'un autre roman trop bien écrit pour être resté si peu connu. Le roman *François Duvalet* a été publié à Québec en 1954, et réédité en Ontario par les Éditions le Nordir en 1989. Maurice de Goumois, son auteur, est un Canadien né en France, dans la région du Valais, justement. L'auteur est passé par Chapleau dans les années vingt. Ça, on le sait. À quel point son roman reflète son expérience, ça, on ne le sait pas.

Le roman brosse le portrait des années vingt, une époque où le Nouvel-Ontario avait l'air d'une terre d'espoir pour un jeune Parisien. Il raconte la vie de François Duvalet, un gars vaillant qui a trimé dur dans un pays dur, qu'il a aimé plus que celui-ci ne l'a aimé. C'est l'histoire d'un homme en quête de succès et d'un pays qui le lui refuse. Ses paysages et ses personnages, ses ambiances et ses espérances sont toujours celles du Nord ontarien d'aujourd'hui. À mes yeux, ce roman est une allégorie de notre destinée collective. Malgré notre vaillance, notre coin de pays se dépeuple. Chaque nouveau recensement le dit. Est-ce donc vrai que c'est juste ailleurs qu'il y a de l'espoir pour les gens de valeur ?

François Duvalet

À Paris, dans les années trente, François Duvalet est petit salarié dans une banque. Le Canada, c'est sa façon de fuir la médiocrité, mais aussi sa liaison avec une femme. Car malgré lui, il plaît aux femmes, le beau François. Il aura à le regretter plus d'une fois.

À Montréal, on lui offre du travail dans les chantiers du Nord de l'Ontario. Le voici donc au bout du monde, au bout d'un lac, au fond d'une forêt dense aux odeurs d'humus et de résine. Pour rompre avec son passé, il fait un geste théâtral : il lance au loin sur le lac son ridicule chapeau melon. Ce sera son dernier geste habile avant longtemps. François Duvalet est si mauvais bûcheron qu'il faillit s'y tuer. Il veut s'en aller, mais il n'a pas gagné le coût de son transport, de son linge et de ses bottes. Pour ça, la compagnie exige les gages d'un mois d'ouvrage. Donc il devient — quel déshonneur ! — aide-cuisinier dans la *cookerie*. Un soir, le chef Jo-Jo se permet de caresser le dos de François qui se lavait en lui disant : «T'as une vraie peau de fille, Frenchy». Ça lui vaut, à Jo-Jo, un coup de poêle à frire sur la tête. François ne perd pourtant pas son emploi ce jour-là. Il le perd le surlendemain, quand dans la noirceur et la fatigue, il se trompe en versant le vinaigre des betteraves dans le baril des pruneaux. On le congédie, mais non sans lui exiger de remettre son dû à la North Star Lumber Company, si jamais il gagne un jour de quoi le payer.

Après trente milles de marche solitaire dans un sentier forestier, François Duvalet atteint Chapleau la nuit tombée. Ici, gens de Chapleau, je cite la description de votre ville des années trente que ce roman conserve.

> Chapleau [...] n'est donc [...] ni un bourg ni un village, mais tout simplement un préau ferroviaire, où tous les hommes bien nés sont au service du chemin de fer. [...] Là tous les trains s'arrêtent pour changer de locomotive et de personnel roulant. Et comme ces relais se font à n'importe quelle heure du jour ou de la nuit, Chapleau arbore un faux air de métropole qui ne dort jamais. [...] Cette sorte de cour en plein bois, oasis imprévue, est semée d'ateliers et de remises, de montagnes de charbon et de tours d'eau. Obscurcie par les vomissements de fumées et de vapeurs, constamment animée par le grincement des roues sur les rails, par les rames de wagons qui s'entrechoquent et par des locomotives qui s'époumonent au son de leur cloche de bronze, elle ressemble à la forge de Vulcain.

Voilà à quoi Chapleau ressemblait, il n'y a pas si longtemps.

À ses débuts à Chapleau, la chance sourit à François Duvalet. Un commerçant aisé et rusé originaire du Luxembourg prend ce jeune Français comme protégé. Fin calculateur, Jacob Druten voit même en ce garçon vaillant son futur gendre et gérant. Car en pleine crise des années trente, jamais il ne pourrait vendre son magasin. En jouant de ruse et de billard, Druten gagne un emploi pour François. Il ira décrasser le mâchefer, au marteau et au ciseau, au fond des fourneaux des locomotives, sous les ordres de Boucher, qui insiste pour qu'on prononce Butcher. Sale et suant, François travaille vaillamment. C'est ici, mes amis, que son mauvais sort de beau garçon le rejoint, sous la forme d'une Anglaise osseuse et froide. Ici je cite le roman à nouveau.

> Français, il ignorait sans doute qu'il appartenait à la race de ceux qui passent pour des virtuoses de l'amour parmi les femmes d'un climat plus rude. Et ce n'était pas de sa faute si son physique et une certaine grâce de manières correspondaient à l'image que l'on se fait d'un grand amoureux. [...] Ce fut ainsi que l'épouse de Jacob Druten se transforma subitement en femme de Putifar. [...] Dorothy Druten fit irruption dans la chambre du Français. [...] C'est alors qu'il vit qu'elle n'avait presque rien sur elle et comprit qu'elle s'offrait sans vergogne. La situation était impossible ; il recula d'horreur. La femme de son bienfaiteur, et sous son propre toit par-dessus le marché ! Mais comment dire tout cela en anglais ?

En tout cas, notre pauvre François repousse ses avances et, ce faisant, se fait la pire des ennemies : une femme dédaignée et compromise. Elle ne pourra plus endurer la présence de ce Français chez elle, ni le projet de mariage de son mari pour sa fille. Le vieux Druten, ne se doutant de rien, comprend seulement qu'il faudra du temps. Donc, pour écarter François temporairement, il l'équipe pour la trappe. Au bon endroit, ça peut être très payant.

François est ainsi plongé, inexpérimenté, en une épreuve d'endurance hivernale au fond d'une cabane qui a l'allure d'une sépulture. La fatigue et le froid le font halluciner. En trois semaines, il a attrapé un lièvre. François ravale son orgueil et va demander la charité à une famille de cantonniers isolés, au Mille-Onze, dans une belle forêt de bouleaux. C'est Courtemanche qui lui donne l'idée de s'essayer à vendre du bois de chauffage. Sa fille Isoline, elle, a pour idée que François est bien de son goût. Vous voyez venir un problème, non? Pourtant François, lui, ne le voit pas.

En tout cas, il est meilleur *jobeur* que trappeur. À Chapleau, il réussit à se faire prêter un cheval contre son engagement à livrer son bois au revendeur Buxton. Mais le pauvre George, on n'aurait jamais cru ça d'un cheval de Chapleau: il a peur des trains! Pourtant il faut charroyer le long de la voie. Pour le faire avancer, il faut lui chauffer l'arrière-train avec un bout d'écorce en flammes. Pour le faire passer sur le viaduc à Chapleau, il faut lui couvrir la tête d'un sac et le faire tourner sur lui-même plusieurs fois pour le désorienter. C'était de toute beauté de le voir faire ce petit ballet chevalin. Décidément, François Duvalet fait preuve de débrouillardise. Notre Français se canadianise. Mais les hommes sont plus malcommodes que son cheval. Il s'en passe des choses, que je dois vous compter trop vite.

Deux engagés de François amènent des femmes de mœurs légères au Mille-Onze et ne veulent même plus sortir de leur cabane pour travailler. François doit amener la police pour les en expulser. Buxton décide de ne pas prendre le bois de François, la crise économique lui semblant motif valable pour ne pas honorer sa parole donnée. François se décide de vendre lui-même son bois aux habitants de Chapleau. Il fait des livraisons partout. Mais personne ne finit par payer. Puis l'engagé des Courtemanche devient jaloux fou de François parce qu'Isoline lui fait de beaux yeux. François vient à un cheveu de commettre un meurtre par autodéfense. Son réconfort doux-amer dans tout ce malheur, c'est la rencontre d'une Française comme lui, belle et cultivée, souffrant de la médiocrité de son existence. Mais Clarisse est l'épouse malheureuse d'un mari anglais.

On comprend comment, dans ce tourment, Chapleau semble pour François un endroit misérable. Et pourtant, il sent qu'il y appartient. Voici comment il se l'explique :

> Parfois le pays lui apparaissait comme une fondrière. Une fois engagé, comment en sortir ? Cette immensité perdue, cette nature à peine touchée, la vie même qui en prenait le langage, avaient quelque chose qui pénétrait tout l'être. On s'y attachait d'autant plus solidement qu'elle ne cessait de promettre un monde régénéré, débarrassé de toute contrainte, où un homme n'est que ce qu'il est, et non pas QUI il est.

C'est un portrait flatteur de notre coin de pays. Mais voyons si ça sera vrai pour François Duvalet.

Toujours sans-le-sou après tant d'efforts, il est engagé pour une livraison par canot à un poste de la Compagnie de la Baie d'Hudson. Il y rencontre un commis qui, sans le moindre humour, lui dit ne pas vivre isolé : son plus proche voisin est à juste cinquante milles. Le Canada façonne des hommes immenses. François veut leur ressembler. Puis il s'aventure jusqu'à Fort William pour l'entretien des voies ferrées. Cette fois-ci, c'est la finlandaise Katrinka qui lui fait de l'œil. Et c'est le communiste Igor qui en devient fou de jalousie, au point de s'en tirer une balle dans la tête. François se questionne sur son talent pour inspirer le crime passionnel, d'autant plus que ce pauvre Igor, il a fallu l'enterrer trois fois. Je n'ai pas le temps de vous conter pourquoi.

François retourne à Chapleau, où il lance une petite entreprise de livraison depuis la gare. Enfin un travail un peu payant. Il se fait des économies. Mais c'est le moment choisi pour que Ned Druten entre dans le portrait. Lui, c'est le frère fou de Dorothy Druten, un détraqué messianique revenu de New Liskeard. Il est fou, mais rusé. Il s'arrange pour voler le traîneau de François tout en faisant arrêter François pour ce même vol. Puis il en vient aux agressions en l'accusant d'avoir essayé de déshonorer sa sœur. Ned a beau être fou, cette accusation trouble Jacob Druten. François comprend que le temps est venu de quitter Chapleau. Par ses manigances, la femme qu'il a dédaignée aura eu sa vengeance.

Le voici donc à Toronto, d'où il cherche à rentrer en France. Mais il lui reste une chose à faire. Vous vous souvenez de sa dette envers la North Star Lumber Company? Eh bien, il tient à l'acquitter. C'est par ce geste-là que sa vie changera. Dans le bureau de la North Star Lumber à Toronto, la secrétaire ne comprend pas ce qu'il fait là. L'affaire simple se complique. Le grand patron s'en mêle. Celui-ci est impressionné par l'honnêteté de son ancien bûcheron, mais plus encore par le récit de sa vie. Après tout, racontée d'un souffle comme je viens de le faire, l'aventure devient risible et néanmoins admirable. C'est ainsi que François Duvalet se voit offrir un voyage en Angleterre pour surveiller les cargaisons de bois. De là, il pourra rentrer en France s'il le désire. Mais s'il le veut, il aura à son retour au Canada le poste d'inspecteur des comptes de tous les chantiers de la North Star Lumber. Question de s'assurer, dit le patron en riant, qu'aucun bûcheron ne parte sans payer ses dettes.

Et voilà où s'achève l'histoire de François Duvalet. Elle a deux morales, il me semble. L'une est classique. C'est celle de l'honnêteté récompensée et de la valeur personnelle reconnue. Mais l'autre, mine de rien, donne un tour neuf à un vieux cliché. Depuis Balzac et Stendhal au moins, les romans disent que c'est à Paris, ou dans les métropoles, que le jeune provincial de valeur doit faire ses preuves. Mais voici un roman où un Parisien a tout fait pour prouver sa valeur dans un lointain arrière-pays où l'humanité qui l'inspire est ce à quoi il aspire, et qui se voit refuser le succès tant qu'il n'a pas pris, malgré lui, le chemin de la métropole. C'est tellement ironique. C'est pour ça que c'est la plus vraie des deux morales. En écrivant dans les années cinquante son roman des années trente, Maurice de Goumois parlait déjà de notre défi des années 2000. Nous voyons tant de nos jeunes vaillants partir à la quête du succès dans les grandes villes du Sud. François Duvalet, lui, a tant voulu vivre ici, dans ce pays. Pourquoi n'a-t-il pas réussi ?

Gens de Chapleau, sachez que votre ville a inspiré un roman authentique et sympathique. *Maria Chapdelaine* vous salue de loin, mais *François Duvalet* vous salue de près.

À LA GARE DE CHAPLEAU

C'était un pays de pins
C'est un pays de trains
Un pays de canots de toile et de castors
De rivières aux noms indiens
De familles venues de loin
De chercheurs de job et de chercheurs d'or

Et puis un soir, une fille du lac St-Jean
Avec son jeune frère, puis ses deux parents
Était descendue, nouveau début
À la gare de Chapleau
En ne sachant pas sa place dans cette vie-là
Ça se passait souvent comme ça, dans ce pays-là

C'était un pays où un vagabond
Pouvait mourir gelé, pris dans un wagon
Sur le sentier clandestin de son destin
C'était un pays où un feu de forêt
Pouvait embraser, quand il s'enrageait
L'horizon de bord en bord, et encore plus loin

Et puis un soir, un gars de l'Abitibi
Dans un train rempli de plein d'autres gars comme lui
Était descendu, le corps fourbu
À la gare de Chapleau
Rentrant de son combat contre ce feu-là
Il s'en allait chez lui, passant par ce lieu-là

Et bien sûr, la fille, le gars
Se sont croisés ce soir-là
Elle attendait sa malle, et lui, son train
Et au cœur d'un pays rude, fulgurante certitude
Ils se découvraient un amour canadien

Quand est venue l'annonce « tout le monde à bord »
Quand ils allaient se quitter, chacun de son bord
Il lui a dévoilé une intention osée
À la gare de Chapleau
J'aimerais bien te revoir, si tu veux, c'est promis
Dans un an, jour pour jour, je reviendrai ici

Ils se sont écrit des douzaines de lettres
Ils se sont promis tout ce qu'il fallait se promettre
Et la fille y était, comme il l'espérait
À la gare de Chapleau
Voilà une belle histoire qui finit bien
Dommage qu'on ne voyage plus tellement en train

Madame Fillion

L'an : 1886. Jour précis : oublié. Le Canadian Pacific Railway, le CPR, déménage. Sans cérémonie, la compagnie de chemin de fer laisse sombrer dans l'oubli Biscotasing, village situé à une centaine de kilomètres de Chapleau, qui jouait depuis environ six ans le rôle qu'on conférait désormais à son voisin. Il faut dire que pour les grands bâtisseurs du chemin de fer — « D'un bout à l'autre du pays ! D'est en ouest ! Peuplons nos régions ! Colonisons le pays ! Unissons le Canada ! » —, il faut dire que Bisco, avec ses bordels et *saloons* qu'on disait assez nombreux pour assouvir la soif et les désirs charnels de… « ah ! au moins 100 000 hommes par jour ! », n'était plus de grand intérêt pour la compagnie, ses gants blancs et sa royauté bleue. Salut Bisco la terrible ! Bonjour Chapleau la paisible.

J'aurais aimé être de ce temps, dans le Nord de l'Ontario. Je me serais établie à Bisco. Tout naissait à cette époque. Tout était possible. Les limites, on les oublie. On se permet de faire des folies. Je me serais nommée *Madam* du *Finest Biscotasing Brothel, pleasing Northern Ontario men since 1880*. Mais, je suis pas née à la fin du 19ᵉ siècle. Je suis née le 25 février 1972.

Baptisée le 1er mars de la même année : Bernadette Éléonore Émilie Marie Tremblay. J'ai reçu ma première communion le 14 avril 1979, ma première confession le 3 juin 1980, ma confirmation le 8 octobre 1985. Le reste, je l'ai oublié.

Il m'a fallu 11 ans pour me donner le goût de rentrer chez moi, à Chapleau. Le hasard a voulu que je croise Louis Hémon dans un mots croisés. Depuis que je suis toute petite, je m'amuse à faire des mots croisés. Des mots croisés que je termine jamais. Mon séjour à Toronto a été une période propice à l'accumulation de cahiers de mots croisés pas terminés. J'en traînais toujours un dans mon sac pour occuper mes heures passées sous terre, à transiter dans le métro de Toronto : 11 ans de transit, à 6 jours par semaine, ça en fait des mots croisés. Surtout quand on les termine pas. À y repenser, ça me donne la nausée. J'peux même plus dire « mots croisés » sans que ça me lève le cœur. N'empêche que c'est à cause d'un mots croisés que je me souviendrai toujours du jour où je me suis enfin décidée.

C'était en l'an 2002. Jour précis : le 16 février. Je sortais de la clinique de soins psychologiques. Je me dirigeais sous terre pour prendre le métro, encore une fois et toujours vers l'ouest. J'étais claquée. Je ne souhaitais que de revoir mon condo et profiter du confort de mon lit pour dormir, dormir, dormir, ah oui! dormir.

Vertical, numéro 17, dix lettres. Indice : grand écrivain d'origine française, mort à Chapleau en 1913 ? À Chapleau ? Tiens, tiens... Et c'était un grand écrivain ? En êtes-vous certain ? Grand comparé aux plus grands ? Ou grand comparé aux plus petits ? S'il était si grand que ça, je vois vraiment pas ce qu'il faisait là-bas ! À ma connaissance, c'était la première fois qu'on parlait de Chapleau dans un mots croisés. Mon village natal.

Ce jour-là, et pour la première fois de ma vie, je me suis donnée comme objectif d'avoir de l'ambition. Je la sentais monter en moi. Je comprenais pas ce qui se passait. Je n'ai jamais eu d'ambition.

Arrivée au condo, au lieu d'aller me coucher, j'ai fait une recherche dans Internet. Pourquoi? Je l'sais pas. Mais si je terminais pas ce mots croisés, je serais obligée de constater que ma vie était un échec total. C'est le constat habituel de tout psychologue sur sa propre vie. Et je suis psychologue. Ma profession me faisait terriblement peur cette journée-là.

Google. Chapleau. *Search*. Résultats de la recherche: 61 400 liens trouvés. 61 400 liens sur Chapleau? Louis Hémon, auteur de *Maria Chapdelaine*, mort à Chapleau le 8 juillet 1913, heurté par une locomotive du Canadien National. Louis Hémon… L-O-U-I-S-H-E-M-O-N. Louis Hémon est mort à Chapleau? C'est vrai. Comment ai-je pu l'oublier?

Ce jour précis, jour du premier mots croisés terminé, j'ai décidé que j'en avais assez de Toronto. Je bâtirais ma nouvelle vie à Chapleau, dans le Nord de l'Ontario. J'effectuerais un retour aux sources! J'ai vendu mon condo au centre-ville pour une somme faramineuse. Je me suis acheté une maison, sans même aller la voir sur place, une maison sur la rue Dufferin à Chapleau, pour une fraction du prix que j'avais obtenu pour mon condo à Toronto. Inutile de vous dire que mes poches étaient remplies de dollars canadiens. « On peut faire le troc à Chapleau avec des dollars canadiens? » Si ma mémoire est bonne, oui. Peu importe…

Ce qui comptait pour moi ce 16e jour du mois de février de l'an 2002, c'est que j'allais enfin vivre une vie paisible, dans le silence, près des forêts, des lacs et des rivières, une vie au cœur de la vie sauvage. Ouain…

❖

Je suis à Chapleau depuis deux ans maintenant. Aujourd'hui, j'ai l'impression que le temps n'existe plus. Les échecs non plus. Je dis ça comme ça, mais j'y ai bien réfléchi. Si je n'ai retenu qu'une seule leçon depuis mon arrivée à Chapleau, c'est que les hommes ne naissent jamais trop tard. Ils naissent toujours trop tôt. Je suis née trop tôt, à Chapleau.

Un jour, un homme de train m'a dit que si le chemin de fer avait été un échec au Canada c'est parce que: « Y voulaient pas que ça fonctionne. *Goddamn right* qu'y voulaient pas! » Dans le fond — et ils s'en sont rendu compte trop tard —, on avait choisi le mauvais axe. Il aurait fallu se concentrer davantage sur la construction d'un réseau nord-sud et « non, non, non, non, surtout pas sur le peuplement des régions "reculées" du Canada. » Un projet voué à l'échec, même avant son commencement.

Quand je suis partie de Toronto pour venir m'installer à Chapleau, c'était avec la ferme intention d'y établir ma pratique de soins psychologiques et de bien-être mental. En préparant mes boîtes de déménagement, je suis tombée sur la lettre d'une adolescente de Chapleau. C'est ainsi qu'elle se nommait: adolescente de Chapleau. Sa lettre, datée de 1987, était adressée au Groupe d'études sur le développement des régions rurales et reculées, une initiative du gouvernement canadien:

> Comme jeune citoyenne de Chapleau, je réclame le droit à l'activité, ayant déjà vécu une bonne partie de mon adolescence dans un état profond d'inactivité. C'est, comment pourrais-je dire, ennuyant. Je voudrais bien occuper mon temps à faire autre chose que des graffitis

sur les maisons de la rue Dufferin, en face de la voie ferrée, mais il n'y a rien d'autre à faire à Chapleau. J'ai l'impression de sombrer petit à petit dans un état de grave dépression. Lorsque cela m'arrive, j'écris et je dors. Pourriez-vous m'aider? Précision : je n'aime ni les *skidoos*, ni les 4 par 4, ni la pêche, ni la chasse, ni les randonnées en nature, ni les parties de *shuffleboard* au sous-sol de la Légion, ni l'école, ni mes parents, ni mes amis.

Faites ce que vous pouvez. Je retourne me coucher. J'attendrai votre réponse.

Signé,

Adolescente de Chapleau

Bernadette Éléonore Émilie Marie Tremblay, t'étais pas du monde à 15 ans! Puis, à vrai dire, t'as pas changé tant que ça, même avec un doctorat en psychologie de la Queen's University.

L'adolescente de Chapleau, je l'ai retrouvée assez rapidement merci! J'arrivais au village et je me dirigeais tranquillement en voiture vers la voie ferrée. Soudain, du coin de l'œil, j'ai aperçu la petite maison rose, au bout de la rue. Je me suis approchée... Non! C'était la petite maison rose de madame Fillion. Cette femme que je détestais tellement quand j'étais jeune : «Pilez pas sur mon parterre, mes mal élevés! Voulez-vous que je sorte mon balai? Un p'tit coup s'a tête, ça vous dompterait peut-être!» Madame Fillion, propriétaire du 17, rue Dufferin, la maison que j'ai achetée. Je me suis rapprochée... non, non, non! Madame Fillion avait retouché ici et là les murs avec un rose un peu plus foncé que l'original. En m'approchant encore un peu, question de voir le laid de plus près, j'ai entrevu des traces de graffitis à travers la peinture. À 15 ans, je trouvais ça quétaine le rose, puis j'avais rien d'autre à faire à Chapleau. Sa petite maison rose, je l'avais couverte de graffitis pour m'occuper et pour l'embellir. J'avais donc acheté pour presque rien la maison de madame Fillion! Elle avait décidé de déménager à Toronto pour être plus près de ses enfants. Ils ne lui avaient pas rendu visite depuis au moins huit ans. Elle a fini par comprendre que c'était à elle d'aller les rejoindre.

Mon adolescente de Chapleau, je l'ai guérie avec le temps et… mes dollars canadiens. Une semaine après mon arrivée, j'ai fait parvenir un chèque à madame Fillion, d'un montant raisonnable. Un chèque signé Bernadette Éléonore Émilie Marie Tremblay, née le 13 février 1972, à Chapleau. Un chèque, avec une note sur un *post-it* rose: «Les graffitis sur votre maison, Madame Fillion, c'est moi. Je viens de m'en souvenir, et je suis contente de les revoir.»

Je me suis guérie et j'ai ouvert ma pratique de soins psychologiques et de bien-être mental. Les lundi, mercredi et vendredi matins, on la trouve au *Stedman's*. Les mardi, jeudi et samedi matins, *Aux trois moulins*. En semaine, je fais la compilation de tous les potins du village, et les dimanches, à l'heure du brunch, je laisse traîner la liste à potins sur toutes les tables des restaurants. Quand quelqu'un tombe sur un potin qui le concerne, ce qui arrive tout le temps, au lieu de se mettre à sacrer, il se met à rire comme un fou et les autres suivent.

✣

Malgré ses ambitions, l'homme ne réussira jamais à être autre chose que de son temps. C'était vrai en 1880.

C'est toujours vrai en 2004. Est-ce qu'on pourrait faire autrement avec une espérance de vie de 75 ans ? J'ai rapidement compris que de regretter, ça ne sert à rien. Que d'oublier, ce n'est pas si grave que ça. Il y a toujours des p'tites maisons roses, des madame Fillion ou des mots croisés pour nous le rappeler, quand on décide de s'en souvenir.

Des gens qui regrettent Chapleau, j'en ai pas rencontré beaucoup. En fait, je me demande comment j'ai fait pour oublier pendant aussi longtemps ma ville natale. Aujourd'hui, je peux vous dire que la seule chose qui me dérange à Chapleau, c'est les têtes d'orignal accrochées partout. Dans les restaurants, les magasins, les entrées de maison, même sur les murs des patios de roulottes au lac Racine. Puis même à ça, quand je vois les enfants sortir du lac, accrocher leurs costumes de bain trempes aux panaches pour qu'ils sèchent au soleil, ça me fait sourire et je me dis que toute chose dans la vie trouve un jour son utilité propre.

Cet été, je quitte Chapleau. Je déménage à Bisco.

Mes parents, à la retraite, ont quitté Chapleau pour le soleil de la Floride. Les deux ont la bouche grande ouverte depuis que je leur ai annoncé ma migration de l'arrière-pays vers l'arrière-arrière-pays. Ils comprennent pas que les presque riens m'attirent. Que, pour moi, le presque rien qu'est Bisco, c'est le grand espace dont j'avais besoin pour faire des folies. Non, je ne rêve pas de faire revivre les bordels de Bisco (ben, peut-être...), ni d'être pop-psychologue du seul resto en ville. Puis dans le fond, qui sait... Je pourrais me remettre à faire des mots croisés.

Guylaine Tousignant

Incitatif pédant : Tour du Chapleau

ANNIE-FRANCE BRAZEAU
Bonjour, ici Annie-France Brazeau, vous écoutez *Incitatif pédant*.

On entend le thème musical de l'émission.

Nous recevons aujourd'hui Gregory Rotheingham, du ministère des Opérations improbables et des Études interminables.

GREGORY ROTHEINGHAM
Bonj…

ANNIE-FRANCE BRAZEAU
Gregory Rotheingham, auteur de rapports incontournables dans le monde du fonctionnariat, vous avez notamment écrit *Vers un Verner vert*. Vous avez également publié un rapport sur la communauté de Blind River dans lequel vous préconisez l'ouverture d'un terrain de *paintball* pour non-voyants, rapport judicieusement intitulé *Bang Bang Braille Braille à Blind River*.

GREGORY ROTHEINGHAM
Bonj…

ANNIE-FRANCE BRAZEAU
Vous avez prononcé une conférence sur la rénovation immobilière à la prestigieuse université Queen's, conférence intitulée *Wet Paint*. Malheureusement personne n'a osé ouvrir la porte pour entrer dans la salle de peur de se beurrer les mains. Vous collectionnez les disques de danse exercice de Jane Fonda — pour les articles.

Il va répondre. Elle enchaîne.

Vous avez, dans votre jeunesse, enregistré un 45-tours country intitulé « Chéri, je veux t'embrasser, mais ma main droite est à Cincinnati ».

Il va répondre. Elle enchaîne.

Et on pourrait continuer longtemps comme ça, mais je ne suis pas sûre qu'on a envie d'en apprendre plus. Gregory Rotheingham, bonjour.

GREGORY ROTHEINGHAM
Bonjour Annie-France.

ANNIE-FRANCE BRAZEAU
Gregory, vous êtes prolifique. Vous venez nous présenter une autre de vos études, sur Chapleau cette fois-ci. Et avec votre grande perspicacité, vous nommez votre nouveau rapport, *Chapleau, une nature naturelle à exploiter naturellement*. J'imagine qu'on a dû vous payer assez cher pour trouver ça.

GREGORY ROTHEINGHAM
On m'a payé en nature. Vous savez, Annie-France, pour réaliser cette étude, j'ai parcouru le territoire de la municipalité en long et en large.

ANNIE-FRANCE BRAZEAU
Vous avez fait le « tour du Chapleau ».

Gregory Rotheingham
Avec la plus grande réserve faunique au monde, Chapleau va devenir le plus important pôle d'attraction naturelle de la planète. L'écotourisme, madame, voilà ce qui va nous mettre sur la carte!

Annie-France Brazeau
Regardez, au nord-ouest de Sultan, Chapleau est déjà sur la carte. On vous a payé pour rien.

Gregory Rotheingham
Des milliers de touristes vont débarquer à chaque année, madame Brazeau, tout ça grâce à l'écotourisme!

Annie-France Brazeau
À l'écotourisme?

Gregory Rotheingham
À l'écotourisme!

Annie-France Brazeau
Bon, on a déjà l'écho, il manque juste les touristes. C'est vrai que l'écotourisme est un concept très tendance, mais le marché est tellement saturé. Comment allez-vous donc vous distinguer?

Gregory Rotheingham
Pour les touristes, voir un orignal, un ours noir, un castor ou une mouffette, c'est aussi exotique que de voir un dinosaure. On va donc faire ici le Parc jurassique du Nord de l'Ontario.

Annie-France Brazeau
Le Parc «pathétique»!

Gregory Rotheingham
Non, le Parc «funique».

ANNIE-FRANCE BRAZEAU
Vous voulez dire le Parc « faunique » ?

GREGORY ROTHEINGHAM
Non, non, le Parc « funique ». Parce que la faune, c'est le fun !

ANNIE-FRANCE BRAZEAU
Vous avez même le slogan. Étonnant !

GREGORY ROTHEINGHAM
Tout d'abord, la réserve faunique actuelle est beaucoup trop grande et les touristes s'y perdent tout le temps. Alors, on va fournir des quatre-roues aux visiteurs…

ANNIE-FRANCE BRAZEAU
Vous allez fournir quatre-roues ? Y a-t-il un véhicule qui vient avec ça ?

GREGORY ROTHEINGHAM
Non. Des quatre-roues, des véhicules tout-terrain… téléguidés. À partir d'une centrale, on va téléguider les touristes vers les plus belles destinations qu'on aura aménagées.

ANNIE-FRANCE BRAZEAU
J'imagine que ces destinations seront féeriques.

GREGORY ROTHEINGHAM
Absolument ! Le premier arrêt, c'est le dépotoir municipal !

ANNIE-FRANCE BRAZEAU
dégoûtée

Pourquoi ?

Gregory Rotheingham
Pour voir les ours noirs dans leur environnement naturel! On va aussi financer la gestion des déchets à Chapleau : au lieu de vendre des sacs de cacahuètes pour nourrir les animaux, les gens vont acheter un sac de vidanges pour attirer les ours. Et, comme on attend des millions de touristes, on va pouvoir régler le problème des déchets de Toronto. La métropole va nous les donner et nous on va les vendre!

Annie-France Brazeau
Gregory Rotheingham, vous rendez-vous compte que la première mesure que vous proposez dans la réserve faunique est une importation massive de déchets? Les seuls touristes que vous allez attirer, c'est les adeptes de *La petite vie*. Tous les «pôpas» de l'Amérique du Nord vont se garrocher à Chapleau.

Gregory Rotheingham
Un autre arrêt qui sera un succès incontesté sera la chasse à l'orignal.

Annie-France Brazeau
Oh!

Gregory Rotheingham
On arrête sur le bord d'un magnifique marais, avec les roseaux qui ballottent au vent, les grenouilles qui coassent et, tout à coup, au loin, un gros *buck* apparaît. Pour une somme dérisoire, les touristes pourront tirer l'orignal.

Annie-France Brazeau
Gregory Rotheingham, où avez-vous la tête? Vous suggérez d'amener les gens dans une réserve faunique pour y tuer la faune!

Gregory Rotheingham
Il mourra pas pour vrai. On va dompter un orignal et en faire un grand acteur. Les touristes n'auront que des fusils à blanc et, quand ils vont tirer l'orignal, il va mourir d'une façon interminable et atroce.

Annie-France Brazeau
Pourquoi l'orignal agonisant ne pourrait-il pas donner des conseils aux plus jeunes?

prenant la voix de l'orignal

«Regarde toujours des deux côtés de la rue avant de traverser.»

reprenant sa voix

Prenez des notes, Gregory.

Gregory Rotheingham
C'est une très bonne idée. Mais vous oubliez une chose, Annie-France.

Annie-France Brazeau
Quoi donc?

Gregory Rotheingham
Un orignal, ça ne parle pas.

Annie-France Brazeau
Vous… vous voulez dire que cet orignal qui venait tous les soirs à la fenêtre de ma chambre lorsque j'avais 13 ans et qui m'a patiemment appris les rudiments du parchési n'était pas un vrai orignal? Oh!

Gregory Rotheingham
On amènera aussi les touristes à la pêche. Mais comme c'est parfois long et plate, on va avoir un gros

maskinongé mécanique qui va attaquer les touristes en chaloupe, pour leur donner des sensations fortes.

ANNIE-FRANCE BRAZEAU
Bon, après le *Parc jurassique*, v'là *Les dents de la mer*!

GREGORY ROTHEINGHAM
Bonne idée! On pourrait racheter le requin de *Jaws* et le maquiller comme un maskinongé et hop! le tour est joué. Ce qui est magnifique dans ce projet, c'est qu'avec un poisson mécanique, nous aurons un environnement contrôlé. Il n'y a aucun risque d'accident.

ANNIE-FRANCE BRAZEAU
Bravo, les touristes vont se faire dévorer en toute sécurité.

GREGORY ROTHEINGHAM
Nos études démontrent aussi qu'il nous faut viser de nouveaux marchés. On va donc attirer les Indiens.

ANNIE-FRANCE BRAZEAU
Les Autochtones?

GREGORY ROTHEINGHAM
Non, non! Les Indiens des Indes. On va organiser à Chapleau un tournoi international de fakirs. Il va y avoir différentes épreuves.

ANNIE-FRANCE BRAZEAU
Par exemple?

GREGORY ROTHEINGHAM
«La roulade sur porcs-épics.» On va remplir une salle de porcs-épics et les fakirs devront se coucher sur les porcs-épics et rouler jusqu'à l'autre bout de la

salle. Le gagnant est celui qui se rend au bout avec le maximum d'épines dans le corps.

ANNIE-FRANCE BRAZEAU
Vous savez ce qu'il y a de bon avec un tournoi international de fakirs ? Ils vont tous se battre pour être le clou du spectacle !

GREGORY ROTHEINGHAM
On va aussi satisfaire les amateurs de culture. Vous savez que l'auteur Louis Hémon est mort à Chapleau ?

ANNIE-FRANCE BRAZEAU
Oui, frappé par un train.

GREGORY ROTHEINGHAM
emballé

Le clou de la tournée de Chapleau sera « le spectacle multimédia Louis Hémon ».

ANNIE-FRANCE BRAZEAU
Jusqu'à maintenant, on pouvait penser que vous étiez fou et /ou tordu, Grégory, mais cette idée de multimédia vous rachète. C'est tellement tendaaance !

GREGORY ROTHEINGHAM
Ce sera formidable. On va installer des estrades le long de la voie ferrée. Au loin, on voit venir sur la voie ferrée cet écrivain vagabond et juste quand il arrive devant les estrades, bang ! il se fait frapper par un train et va revoler 200 mètres dans les airs !

ANNIE-FRANCE BRAZEAU
Mais c'est épouvantable !

Gregory Rotheingham
Ben non, mais non, on embauchera un cascadeur. Mais le plus beau, c'est que quand on meurt, on voit le film de notre vie. Alors, dans le train, on va projeter la vie de Louis Hémon… EN SURROUND! Quatre représentations par jour!

Annie-France Brazeau
C'est la première fois de ma vie que je regrette d'avoir des oreilles.

Gregory Rotheingham
Mais voyons, Annie-France, les gens vont venir de partout pour voir ça.

Annie-France Brazeau
Ben, justement, comment allez-vous transporter tous ces touristes? Ça va vous prendre des autoroutes à quatre voies et un aéroport international tant qu'à y être.

Gregory Rotheingham
Non, on va plutôt miser sur les forces de Chapleau, qui a toujours été une ville ferroviaire. On va construire un train à grande vitesse, un TGV, Toronto-Chapleau.

Annie-France Brazeau
Vous savez que ça circule vite, ces trains-là. Est-ce qu'on va dire aux gens de se méfier des trains?

Gregory Rotheingham
Oui, on va installer une grosse pancarte sur laquelle ça va être écrit: Gare!

Annie-France Brazeau
Bien beau, tout ça, mais un auteur qui se fait frapper par un train, c'est un peu mince côté culture.

Gregory Rotheingham
Ah ben, ça, de la culture, on en a. Un gros festival de la nature triculturel où l'on rassemble les cultures francophone, anglophone et autochtone.

Annie-France Brazeau
Là, Gregory Rotheingham, vous exagérez. Ça ne marchera jamais, c'est impossible de faire travailler des Français, des Anglais et des Autochtones sur un même projet. Regardez le Canada : 126 années d'échec.

Gregory Rotheingham
Ben, à Chapleau, c'est trois ans de succès. Ça existe déjà depuis trois ans. Des gens qui fêtent et s'amusent ensemble et ça attire déjà près de 1 500 personnes chaque année.

Annie-France Brazeau
Gregory, franchement, ai-je l'air d'une cruche? Vos projets de Parc «funique», de Festival du fakir, ou de collision multimédia passent toujours, ça pourrait être branché. Mais l'harmonie linguistique et culturelle, on va rire de vous.

Gregory Rotheingham
Mais écoutez, est-ce si difficile à croire qu'on peut avoir un lunch avec un *fish & chip*, une poutine et un castor rôti?

Annie-France Brazeau
Les trois, ensemble, je les trouve effectivement assez dur à avaler. Comme toutes vos idées de développement économique d'ailleurs. Heureusement, c'est tout le temps que nous avons pour l'entrevue. Gregory Rotheingham, merci.

GREGORY ROTHEINGHAM
De rien.

ANNIE-FRANCE BRAZEAU
De rien, oui, en effet.

Faits pour rester

Quand tes jours sont pleins de détours
Et que tu sais plus t'y prendre
Quand la vie te joue des tours
Et que tu t'es laissé prendre
Ce sera là que tu sauras
La valeur de tes espoirs
Perds-les pas de vue, mon gars
Tu n'as pas le choix que d'y croire

Car y en a, mon gars, qui sont faits pour partir
Et y en a, mon gars, qui sont faits pour bâtir
Si le Sud t'appelle, je vais pas protester
Mais y en a, ma belle, qui sont faits pour rester

Quand ta nuit est pleine d'étoiles
L'espérance vient sans effort
Pour guider ton idéal
Y a pas juste l'étoile du Nord
Quand ce ciel qui te sourit
C'est celui qui t'a vue naître
Il n'exige pas de merci
Mais tu peux le reconnaître

Quand elles brillent, ma fille, les promesses d'avenir
Elle t'appelle, ma belle, celle que tu vas choisir
Si tu suis ton cœur, tu auras bien choisi
Puis y en a du cœur, dans ce coin de pays

Et à chaque nouveau matin
Un café chaud pour la route
Un petit bec sur les deux joues
Faut que j'y aille, même si ça me coûte
Croise tes doigts puis cogne du bois
Elle va bien notre petite vie
J'avoue que ça m'inquiète parfois
Faudra-t-il partir aussi ?

Car y en a, mon gars, qui sont pris pour partir
Quand il faut, ma fille, pour le bien d'la famille
Si le Nord nous lâche, faudra bien s'en aller
Mais moi, je lâche pas, et je veux y rester

Salut Earlton!

Même si un gigantesque bison de métal surplombe la route 11 près d'Earlton, en vérité, c'est la vache qui règne sur la région. Par ici, les fermes laitières sont si perfectionnées qu'il y en a même une où l'étable se nettoie tout seul! Plusieurs fois par jour, le plancher incliné est lavé par une vague d'eau qui emporte le fumier. C'est à Earlton que vous trouverez cette merveille: une étable qui se *flushe*! Et à côté de ça, un carrousel ultramoderne en acier étincelant où les vaches font leur petit tour de manège deux fois par jour pour la traite. Je vous le dis, elles croient qu'elles vivent à Disneyland. Dans le Nord de l'Ontario, c'est seulement ici, dans le petit Claybelt, que les champs s'étendent vraiment à perte de vue. Au printemps, on se croirait sur une mer d'argile. Dans cette grande plaine, ça se comprend qu'on y élève des vaches, des bœufs, des bisons, des chevaux percherons, des animaux forts et massifs. Donc ce n'est peut-être pas étonnant non plus que ce coin de pays ait été la patrie d'un homme aussi fort qu'eux: Wilfrid Paiement.

Au dire de ceux qui l'ont connu, il était fort, oui, mais en plus, il avait du bagout. Plus d'un journaliste sportif en a été fasciné. Assis dans les gradins, Wilfrid Paiement volait la vedette à ses fils hockeyeurs de la Ligue nationale par sa volubilité. Quand il se mettait d'humeur à vous conter une de ses histoires, vous aviez droit à une de ces histoires. J'espère qu'en vous contant des bouts de sa vie, j'aurai des bouts de sa verve.

Wilfrid Paiement

Wilfrid Paiement est né au Québec en 1910. Il avait sept ans à son arrivée à Earlton. Il était écolier de dix ans quand il a gagné son premier match de lutte… contre sa maîtresse d'école. Selon Wilfrid, elle avait perdu les pédales. Elle venait de renverser des écolières en les disciplinant à coups de planche. Le jeune Wilfrid l'a saisie par les poignets et n'a pas lâché prise avant qu'elle ne s'épuise. À la fin, elle est tombée sans connaissance. Wilfrid a promis au directeur de ne plus jamais toucher la maîtresse.

C'est à l'école qu'il a connu Rosilia. Avec elle, il aura onze filles et cinq gars. Madame Paiement a dit un jour à un journaliste sportif que son mari était fort, mais sans malice. S'il avait été mauvais, a-t-elle dit, elle ne lui aurait pas donné seize enfants.

En tout cas, l'écolier était devenu une pièce d'homme de six pieds, deux cent soixante-dix livres. Tour de poitrine, 62 pouces. Tour de biceps, 22 pouces et demi. Tour du cou, 20 pouces. Wilfrid Paiement pouvait, comme si de rien n'était, ramasser un tonneau d'essence, un «quart» de 45 gallons bien plein, et le charger dans un camion. Bien des gens l'ont vu faire ça.

Il faisait des tours de force dans les foires régionales. Il pouvait soulever un cheval en grimpant dans un poteau ou à partir d'une plateforme.

Il n'a jamais bu d'alcool ni de café, juste un petit *crème soda* de temps en temps. Mais du lait, ça par exemple! Au repas, il pouvait en boire deux pintes et manger les trois quarts d'une livre de beurre. Et il aimait les sauces crémeuses. Une chance qu'il habitait un pays laitier! Quand il vous serrait la main, la vôtre s'y perdait comme dans une grappe de bananes. Ses photos montrent un visage empreint de confiance tranquille et de joie de vivre. Il aurait fait un bon bonhomme carnaval. Mais on n'aurait pas demandé au bonhomme carnaval de se battre avec un ours.

En 1939, Wilfrid Paiement était à l'exposition de Québec. Ses tours de force lui avaient valu l'amitié de célèbres hommes forts comme Victor Delamarre et Paul Baillargeon. C'est un d'eux qui l'a incité : « Envoye, Frid, envoye ! » Un défi physique, ça l'attirait, c'était plus fort que lui. C'était une des rares choses plus fortes que lui. Ce jour-là, un promoteur de manèges mettait les visiteurs au défi de se battre contre un ours. Les badauds pouvaient gager sur l'issue du combat. Les organisateurs connaissaient leur ours. Ils ont parié en sa faveur à vingt contre un. Mais les amis de Wilfrid connaissaient l'homme qui a vu l'ours. Ensemble, ils ont misé plus de mille dollars sur lui, une somme immense à l'époque. L'ours portait une muselière et d'épaisses mitaines, mais même sans crocs ni griffes, vous aviez affaire à 690 livres de muscles poilus qui ne veulent pas se coller le dos au plancher.

La cloche a sonné et le face-à-face s'est engagé. Vous connaissez la prise de l'ours? Mettons que les circonstances s'y prêtent. En vrai lutteur, Wilfrid Paiement a saisi la bête en une embrassade par-derrière et l'a soulevée de terre. L'ours battait l'air de toutes ses pattes. Wilfrid Paiement enfonçait sa tête dans le dos de l'ours. Il poussait, il poussait. Lentement, l'ours a manqué de souffle. Il s'est étouffé. Notre homme n'a pas lâché prise tant qu'on ne lui a pas montré la couleur de l'argent qu'il avait gagné. À ce point-là, il pendait de la gueule de l'ours un bon huit pouces de langue toute bleue. Il était blessé à mort. Il avait l'épine dorsale écrasée. Il a fallu achever la pauvre bête. Wilfrid Paiement avait tué un ours de ses mains nues. Et ses amis s'en sont mis plein les mains, en vendant la peau de l'ours avant de l'avoir tué.

Ce pauvre ours n'avait pas couru après son malheur. Mais une fois, Wilfrid Paiement a dompté des adversaires qui l'avaient cherché, et qui l'ont trouvé. En 1937, à 27 ans, Wilfrid Paiement était *jobeur*. Il fournissait en bois la compagnie A. J. Murphy. Ses six cents hommes, pour la plupart venus du Québec, étaient logés, nourris et blanchis par sa femme et ses filles employées au camp. Dans ce temps-là, ses bûcherons étaient payés 11 cents la bille de seize pieds. Un jour, à ce qu'on dit, des têtes chaudes ont réclamé 3 $ la bille — méchante augmentation! Ils insistaient à coups de gestes d'intimidation et de vandalisme. Les Murphy ont menacé de faire venir la police. Cette intervention aurait peut-être été plus tragique que l'incident qui a suivi. Mais jamais on ne l'a su, car la police n'est pas venue.

Au petit matin vers cinq heures, la forêt résonnait de la clameur d'une centaine hommes de vilaine humeur à la porte du bureau de Wilfrid Paiement. Sa femme et ses enfants y logeaient, effrayées avec raison. Soudain, ces hommes font irruption dans la pièce d'en avant en sacrant et en exigeant que le peureux de Paiement se montre. Wilfrid laçait ses bottes dans la pièce d'en arrière. C'était ses «bottes à coups de pied au derrière». Il est sorti et a demandé qui l'avait traité de peureux. Un grand costaud de six pieds quatre a dit: c'est moi. Wilfrid l'a saisi à la gorge, de sa grosse main épaisse comme un rôti de bœuf. Il l'a soulevé de terre et l'a sorti en défonçant la porte. Notez bien que dans ce temps-là, on bâtissait les portes de camp en planches épaisses, des deux par huit. Rendu dehors, Wilfrid a fait bondir son homme sur le fessier au moins vingt fois sur une souche plate. Ça l'a tranquillisé. Mais pendant ce temps, un autre s'approchait pour lui sacrer un coup de deux par quatre. Quelqu'un a crié. Wilfrid a pu saisir la planche. La plupart se sont enfuis. Mais quatorze se sont retrouvés blessés à l'hôpital de Haileybury.

Wilfrid Paiement a raconté plus tard, avec tristesse, comment il a appris que l'homme qu'il avait rassis en était resté infirme. Il l'a su d'une religieuse croisée à la messe par hasard bien plus tard dans le Sud de l'Ontario. Elle lui a conté l'histoire de son frère qui venait de mourir, sans laisser voir si elle savait qu'elle s'adressait à l'homme qui lui avait infligé son malheur. Wilfrid Paiement avait défendu sa famille et sa peau. De ça, il n'avait pas de regrets. Aussi, disait-il, il s'était fait un nom. Et dans le Nord, quand tu te fais un nom, ce n'est pas à recommencer. Voilà une histoire qui rappelle qu'un syndicat civilise les conflits de travail et qu'on n'a pas à regretter l'époque où il n'y en avait pas.

Dans les années quarante, Wilfrid Paiement était devenu éleveur de chevaux trotteurs et propriétaire de l'hippodrome Châteauguay, à Earlton. Les courses étaient parfois suivies de matchs de lutte et quand il manquait un athlète au programme, Wilfrid se portait volontaire. Parmi ses centaines de trotteurs, il y en a eu deux qui n'ont jamais été défaits à la course d'endurance de cinq milles. Doc Vino et Bannock Bay, ça, ça courait! Et le pire, c'est qu'ils traînaient le gros Wilf Paiement dans le sulky!

Une fois, en novembre 1950, Wilfrid se trouvait à l'hippodrome de Québec quand un cheval nommé Alvin Hanover est tombé mort en pleine course. Le tracteur qui aurait dû venir dégager la piste ne démarrait pas. Wilfrid Paiement a réglé le problème. Il a traîné à l'écart un cheval de 1 350 livres. Une autre fois, en revenant de Blue Bonnets, à Montréal, une roulotte qui transportait des chevaux a fait une crevaison. Pressé, il faut croire, Wilfrid Paiement a soulevé la roulotte pendant qu'on changeait le pneu.

Jeune homme, Wilfrid Paiement remportait déjà des championnats de tir au poignet. C'est un plaisir qu'il s'est offert jusque dans l'âge d'or. En 1979, à 69 ans, il a gagné huit matchs d'affilée à Toronto contre des adversaires de partout au monde. Le huitième était un Allemand super poids lourd. Ils sont restés barrés presque quatre minutes, sans que rien ne bouge, puis tranquillement, Wilfrid… a senti… son adversaire… ramollir. En 1984, à 74 ans, il est revenu de Londres avec le championnat de non pas une, mais deux catégories: poids lourd et super poids lourd. La même année, à Edmonton, il a désarticulé le bras d'un de ses adversaires. Pourtant, il ne consacrait généralement pas plus de deux jours à se mettre en forme avant les matchs. L'entraînement, il n'aimait pas ça.

Wilfrid Paiement a quitté ce monde en 1992 à 82 ans. La mort emportait un homme doté de force musculaire, mais aussi de force de caractère. Jeune homme, il a été le policier du village; il avait le physique de l'emploi, vous me direz. Pour bâtir l'église, il a aidé à la collecte. Comme entrepreneur, il a su réussir en affaires, mais a su aussi aider ses proches. En somme, il a été un de ces hommes du genre qu'il faut pour bâtir une communauté. Ce genre de force n'a rien à voir avec la force physique. Cette autre force, il l'avait aussi.

En somme, Wilfrid Paiement a été un homme remarquable. Et pourtant, n'eût été la célébrité de ses fils hockeyeurs et de la distraction de quelques journalistes sportifs, nous n'aurions aujourd'hui à peu près aucun témoignage écrit de sa vie. Ironiquement, plus d'un de ces journalistes a terminé son article en disant qu'il faudrait bien écrire un livre sur la vie de cet homme-là. Mais ce livre-là, on ne l'a pas écrit. Le Nord de l'Ontario ne semble pas avoir besoin du souvenir de ses hommes plus grands que nature. C'est ainsi que nous perdons notre mémoire, celle de l'époque où nos forêts et nos terres attiraient des dizaines de milliers de familles.

Aujourd'hui, les rêves de belle vie mènent la jeunesse ailleurs qu'ici. Le canton d'Armstrong où se trouve Earlton a perdu 12 % de sa population depuis cinq ans. En cela, il ressemble à toutes les communautés, grandes et petites, du Nord de l'Ontario. Notre coin de pays se dépeuple. L'exode va grandissant sans qu'on sache le contrer. Pour le contrer, d'abord il faut en avoir la volonté. Or, le cœur se nourrit d'amour et d'art, et l'art se nourrit de métaphores. Nous en avons besoin, du souvenir de notre homme fort.

Un étranger a pris ta place

Un étranger a pris ta place
Il est assis sur ton banc de bois
Tout près, ici, à côté de moi
Le temps d'un verre, le temps d'une bière
Qu'est-ce que je vais faire, lui dire de se taire ?
C'est lui qui est là, ce soir, petit frère

T'es pas d'ici, t'arrives d'ailleurs ?
T'es de passage, t'es un truckeur ?
L'autre avant toi parlait de tracteurs
Et avant lui, un autre vendeur
Des fois, je te parle encore, des fois
Tout le temps, tout seul, tout bas, petit frère
Dans le fond, Gaston, reviens pas en arrière
T'as bien fait, t'as bien fait de lâcher la terre

C'est pas la terre, c'est les affaires
Cent cinquante têtes à deux cents piastres
Peux-tu croire ça ? Moi, je le prends pas
Je me parle tout seul, je te parle tout bas
Traite-moi de fou, mais moi je vends pas

T'es pas d'ici, tu comprends pas
C'est mieux comme ça. Bois vite, puis va!

Un étranger a pris ta place
Il est assis sur ton banc de bois
Tout près, comme toi, à côté de moi
Avant qu'il vienne, c'était ta place
Mais toi aussi, t'étais de passage
Le temps d'un verre, le temps d'une bière

Dans le fond, Gaston, reviens pas en arrière
Il faut être fou pour vivre de la terre
Dans le fond, Gaston, reviens pas en arrière
Il faut être fou pour vivre de la terre
Comme le grand fou qu'est ton grand frère

L'Hurluberlu d'Earlton

Maudites chaises de bingo! À la taverne, au moins, il y a des vraies chaises de bois. C'est quoi l'idée d'installer des chaises de sous-sol d'église dans un restaurant?

Es-tu gêné? Non! Mais, alors... pourquoi tu me réponds pas comme du monde? On est à Earlton ici, pas à Sudbury. Inquiète-toi pas, il y a pas de maniaques dans le Grand Boulevard. Juste du monde ben ordinaire, comme moi, comme nous autres. Crois-moi, je les connais tous et puis là, j'ai des choses à leur dire!

Eux autres là-bas, dans le petit coin noir, c'est mon neveu et la fille de Rosaire. Dans l'autre coin, c'est la gang de réguliers de l'hôtel. Ils viennent au village pour passer la soirée, les gars pour boire de la bière, les filles pour danser ou pour se parler dans la face. D'habitude, tout le monde s'amuse comme des petits fous. Mais ce soir, je me suis retrouvé tout seul entouré de chaises vides, à téter tout seul ma bière... à parler aux chaises vides. Bout de christ, j'ai tellement gueulé que le *bouncer* m'a mis à la porte. C'est là que j'ai décidé de venir prendre une petite bière avec vous autres. C'est vendredi soir! *The more the merrier*! Ici, on fête en gang.

Je parle pas trop fort, c'est toi qui a les oreilles délicates. Tu devrais venir avec nous autres pour une *run* sur une plateforme de *drillage*. Bout de christ, je te jure que ça leur ferait la job à tes petites oreilles de femmelette.

Tu vois ? Je te l'avais dit ! Ils sont pas regardants. Par ici, tout le monde est bienvenu. T'as qu'à payer une ronde pis y vont tout oublier, même ton accent de moumoune.

Ah, eh, eh… fâche-toi pas ! C'est pas de ma faute si tu parles comme une bonne sœur !

Moi, tu veux savoir ce que je fais ici ? Ben… c'est une longue histoire.

Mon père, c'était Pierre Lachance. Le fils de pépère Pierre et pis, tenez-vous bien, le père de mon grand frère Pierre. Dans notre famille, la terre passe de Pierre en Pierre. Les filles, les Ti-Paul et les Gros-Jean comme moi doivent se trouver un Pierre ou encore mieux une Pierrette pour se faire une place dans la vallée.

Mon grand-père Lachance est arrivé à Earlton en 1923, quelques mois après le grand feu. Il avait son héritage en poche, ce n'était pas grand-chose, mais il a débarqué du train au moment où il y avait plus de vendeurs que d'acheteurs. Il y a rien comme du *cash* pour faire descendre le prix. Il s'est acheté une terre le lendemain et a fait venir sa femme le surlendemain. Puis là, ben, pour vous dire franchement, il s'est employé à les faire profiter tous les deux. Ma grand-mère est arrivée à Earlton sans bagages sauf pour son linge de corps et son petit tabouret de laitière, une belle tranche de pin blanc dans laquelle son père avait planté trois petites pattes de tremble. En 39, au début de la guerre, mes grands-parents avaient déjà cinq grands gars pour les aider à faire le train. Ils ont profité de la

Deuxième Guerre pour les établir, les plus jeunes dans le troisième rang et le plus vieux, mon père Pierre, sur la terre paternelle.

Quand j'entendais le grand-père raconter l'histoire de la famille, ben, je prenais goût à travailler plus fort en croyant qu'un jour, ce serait mon tour. Vous savez, la senteur du fumier, les bêtes qui bardassent dans les brancards, les longues journées à soigner les animaux, ben… j'ai toujours aimé ça. Et puis sur une nouvelle terre, sur *ta* terre, t'as pas de boss, même pas de bonhomme pour te dire quoi faire.

Ce que mon grand frère et mon père faisaient, je m'arrangeais pour le faire trois fois mieux. Je commençais le train du matin avant eux autres et je rentrais pas à la maison avant qu'ils soient attablés tous les deux. Et puis à un moment donné, Ti-Paul, le plus jeune des gars, s'est mis à faire exactement comme moi. Après quelques années, on est devenus inséparables. Lui et moi, quand on s'attelait à une job, on travaillait ensemble comme les rouages d'une seule et unique machine. Faut croire que ça dérangeait le père de nous voir nous éreinter à construire le bien de la famille et, pour mettre les choses au clair, il disait souvent à haute voix devant tout le monde : « Pierre, tu es Pierre et sur cette Pierre, je cultiverai ma terre ! »

C'est pas qu'il voulait pas nous aider, mais c'est comme s'il voyait venir le futur. C'est dans le milieu des années soixante-dix que les choses se sont compliquées. Comme tous les autres habitants, on a décidé de moderniser la ferme, d'acheter des gros équipements et même d'acheter la terre de notre voisin. On produisait plus, c'est sûr, et à quatre on avait l'impression qu'on allait prendre assez d'avance pour faire de la place pour tout notre monde. Mais là, en plus de nourrir la famille, on devait rembourser le capital emprunté et payer des intérêts de plus en plus gros. Chaque soir, le père sortait ses grands livres de chiffres et il passait la soirée à gratter pour réduire les dépenses, à tout réinventer pour diversifier les revenus, mais malgré tout il arrivait pas à équilibrer ses comptes. À un moment donné, sa première priorité est devenue de réchapper sa ferme. Il avait plus assez d'argent ou de temps pour songer à établir ses fils sur leur propre terre.

Au fur et à mesure que le temps passait, il est devenu évident que les choses s'amélioreraient pas. Tout empirait dans les affaires comme dans la famille. À la maison, la vie est devenue… ben… un nid de guêpes. Les problèmes d'argent, c'est une chose, mais les chicanes de famille, c'est autre chose. La mère a toujours trouvé un moyen de partager le pâté chinois, mais quand la chicane a poigné dans la famille, c'était pas évident de remettre la paix.

Vous savez, il faut beaucoup plus que du foin ou des recettes de bonne fermière pour nourrir un banquier. Il faut lui donner la part du lion, rien de moins. C'est ce qui arrive quand tu invites un cochon à dîner : il faut pas s'attendre à ce qu'il apprenne des bonnes manières du jour au lendemain. C'est pas tellement ce qu'il fait qui dérange, mais plutôt l'effet qu'il a sur les autres. À la fin des années soixante-dix, le taux d'intérêt a monté en haut de quinze pour cent. À ce niveau-là, il y en a plus de crème sur la table, il y a plus de beurre sur le pain et les femmes n'ont que de l'amertume pour allonger la soupe.

Par un soir que ça bardait plus que d'habitude, on s'est levés de table, Paul et moi, et puis là… au lieu de repousser nos chaises à leur place, comme il se doit, on les a, une fois pour toutes, rangées le long du mur avec celles des invités. La mère a tout compris, le père aussi, mais que vouliez-vous qu'ils fassent? Ils étaient trop occupés à réchapper la terre pour voir aux besoins de Ti-Paul et moi, et puis, de toute façon, avec tous les nouveaux équipements qu'on avait achetés, il y avait plus de travail pour quatre hommes sur la terre.

Ti-Paul et moi, on est descendus à Sudbury pour travailler dans les mines, comme on dit, dans le trou. Ç'a pas l'air évident, mais, vous savez, pelleter du fumier ou pelleter du sable de remplissage, c'est échanger quatre trente sous pour une piastre. En dessous de la terre, c'est pas comme sur une terre, tu peux pas changer de tas de branches à volonté. Quand t'as fini une job, y faut que t'attendes que le *shift boss* passe. On s'amusait à voir dans combien de temps on pouvait finir la job, mais il faut dire que les autres mineurs trouvaient pas ça drôle.

C'est à ce moment-là que le boss nous a offert d'aller travailler du côté de la production, là où les casseurs de records se méritent des bonis plutôt que des insultes. Nous autres, on demandait pas mieux, on était pas là pour se chicaner avec les gars, mais plutôt pour mettre notre plan en branle. C'était pas ben ben compliqué, notre affaire : on voulait sauver notre argent pour faire un dépôt sur une première terre, la cultiver pour la payer et ensuite l'hypothéquer pour en acheter une deuxième. On était convaincus qu'on arriverait à faire ça avant d'avoir cinquante ans : trois ans dans les mines pour sauver le dépôt, quinze ans de travail sur la terre pour payer la première et dix ans pour payer la deuxième. On pensait qu'à deux, on pourrait faire ce que notre grand-père avait fait seul. Sans problème!

Ça fait qu'on a pris un appartement en ville et l'année suivante nos trois sœurs sont venues vivre avec nous le temps de leurs études. À un moment donné, la plus grande partie de la famille vivait à Sudbury. Pendant que les filles faisaient leur école normale, nous autres on faisait notre magot. On prenait nos vacances pour rentrer les foins du père, on passait les fêtes en famille. En fait, on se préparait à retourner au village, les gars sur une terre bien à eux et les filles comme maîtresse dans une école de par chez nous.

Après leur « graduation » les filles ont tout fait pour se chercher de l'ouvrage, mais elles ont passé l'été à attendre. À Earlton, les inscriptions dans les écoles n'augmentaient plus, le baby-boom était fini, les familles étaient moins grosses, et puis, la plupart des jeunes rangeaient leur chaise contre le mur avant de partir pour la ville. À la fin du mois d'août, les filles ont accepté un poste dans une école d'immersion d'Ottawa. Ça fait que là, ç'a été notre tour à Paul et moi, de retenir nos émotions pendant que nos sœurs rangeaient leurs chaises le long du mur des invités.

Pendant ces trois années-là, ça nous a pas coûté ben cher vivre, donc Paul et moi, on avait accumulé un peu plus de 20 000 $ en banque. C'était tout un motton, mais le prix des terres avait plus que doublé et notre magot était devenu trop petit. En 1982, le taux d'intérêt a dépassé les 22 pour cent. On a eu beau dire au banquier qu'on était des bons travailleurs, il nous a répondu en grognant que ça avait rien à voir. La banque venait tout juste de fermer la manufacture de roulottes Boler, donc pour nous autres ça voulait dire qu'il y avait plus de job de manufacture au village pour faire arriver nos fins de mois.

En quelques années, l'agriculture était devenue un christ de gros business. Pour embarquer, il fallait du gros *cash*, du *cash* pour acheter une grosse terre, du *cash* pour des équipements, du gros *cash* pour les quotas et beaucoup de change pour les *et cætera*. Le gérant de la caisse a pris le temps de nous expliquer tout ça en détail. Il nous a dit qu'on aurait beau travailler fort, l'inflation galopante grugerait notre capital plus vite qu'on le construirait. Il nous restait plus rien à faire que sauter une maudite brosse. En fait, à vrai dire... j'ai sauté une brosse au village, dans la taverne de l'hôtel Lasalle. J'ai pris une chambre en haut puis j'ai passé une semaine à boire. C'est pas comme si j'étais le premier à faire ça, je vous en passe un papier, il y a des centaines de bûcherons qui ont bu leur paye dans cette taverne, mais au moins ils buvaient en gang. Moi, j'étais entouré de chaises vides.

Paul est retourné à Sudbury pour voir sa blonde pendant que l'appartement était vide. Par le temps que je suis retourné en ville, j'avais perdu ma job et la blonde de Paul avait pris ma place dans l'appartement. Ils parlaient de mariage, d'enfant, de futur, ça fait que je leur ai donné le restant du magot. J'ai pris le temps de dire bonjour à Ti-Paul, d'embrasser sa fiancée et de ranger ma chaise contre le mur de la visite. Ç'a pas été long que j'ai poigné une job de *diamond driller* avec la Boart Longyear de North Bay. J'ai fait ma première *run* au Chili, trois mois dans un camp avec 25 gars, faut le faire. Douze semaines à douze heures par jour, huit heures pour dormir et puis quatre heures pour manger, pour se laver ou pour jouer aux cartes. Quatre-vingt-dix jours à chercher de l'or, suivis de trente jours de vacances à Manhattan, à New York, New York. Eh christ! C'est là que j'ai pris le goût des voyages et des grandes villes : trois mois au Pérou, au Gabon, en Afrique du Sud, en Guyane française, en Australie, en Russie, en Mongolie, en Alaska, au Nunavut, suivis d'un mois à Paris, à Londres, à Rome, à Barcelone, à Tokyo, à Moscou, à Berlin, à Johannesburg et à Casablanca. En fait, ce sont mes dernières vacances à Montréal qui ont été les meilleures. J'ai passé un mois dans une suite exécutive du Ritz-Carleton de la rue Sherbrooke. Eh, bout de christ, il faut le voir pour le croire : une salle à manger privée, un salon avec un foyer, une grande chambre à coucher, deux salles de bains et une facture de 550 piastres par soir ! Mais… *Easy come, easy go* !

J'ai fait le tour de la Terre de même une bonne dizaine de fois, mais c'est comme si j'avais entrepris de labourer ma terre à partir des bords en m'en allant vers le milieu. J'ai commencé ma spirale au Chili et en Afrique du Sud, pour me rapprocher de plus en plus de l'Europe et de l'Amérique du Nord, et puis du Canada et du Nouvel-Ontario. À cette heure, je travaille à la baie James et je passe mes vacances à Earlton, dans une des chambres de luxe de l'hôtel La Salle. Quatre murs, un plafond, un plancher, une douche et une toilette dans le corridor pour trente piastres par soir. Et puis là, t'as pas besoin de la voir pour le croire. Entre un petit bol de caviar au Café de Paris de la rue Sherbrooke et une grande assiette de poutine au Grand Boulevard de la 10e Rue, il y a tout un monde, croyez-moi !

Il y a ben des choses qui sont pas correctes en ville, mais c'est pas pour ça que je reviens toujours passer mes vacances au village. C'est les petites choses que j'aime. Je reviens parce qu'il y a que des grandes tables communes dans le restaurant. Le matin, on est pas obligé de manger ses œufs tout seul, on peut s'asseoir avec les gens qu'on connaît. C'est la même chose dans l'hôtel Lasalle : s'il y a un petit nouveau qui se présente, on l'invite à prendre un verre. Et puis dans le village, quand il y a un besoin communautaire, les gens de la place organisent une corvée ou bien ils font tirer au sort un *truck* et une grosse roulotte pour faire de l'argent.

    Je reviens ici parce que je suis un gars de terre glaise et que je suis pas tellement heureux sur les trottoirs de ciment et pas tellement à l'aise sur les planchers de marbre. Dans tous mes voyages, ce que j'ai aimé le plus, c'est les *runs* dans les chantiers, avec les gars, à travailler fort, à jouer aux cartes et puis à gueuler contre les boss. Les maudits ci, les maudits ça, vous savez ce que je veux dire! À l'ouvrage, j'étais tellement heureux. Des fois, quand je me fermais les yeux le soir, j'avais l'impression d'être avec mon grand-père dans un chantier de bûcherons sur les rives du lac Témiscamingue, puis là, immanquablement, je m'ennuyais comme lui et j'avais le goût de rentrer à la maison pour faire le train du printemps.

    La vie est drôle. Moi, je veux revenir vivre au village et puis, mon grand frère, lui, y veut prendre sa retraite. Il veut vendre la terre de mon père pour s'en aller dans un condominium à Ottawa, près de ses enfants. Son petit dernier, mon jeune neveu qui est en train de minoucher sa blonde dans le coin là-bas, veut rien savoir des vaches, il préfère les ordinateurs. Il dit qu'il est un cybercow-boy qui enfourche sa souris tous les matins pour aller traire son troupeau de puces électroniques. C'est certainement pas lui qui va prendre la relève sur la ferme. J'ai pensé racheter la terre de mon frère. Avec mes *runs* j'ai tout de même un christ de gros magot qui dort à la caisse, mais la terre est rendue tellement grosse, tellement différente de ce que j'ai connu, de ce que je sais faire, que je saurais pas par où commencer. À cette heure, y a trop de chiffres, de recherche dans Internet, de satellites et de banquiers. C'est comme si le monde a changé, pis moi je suis resté poigné dans le passé. À vrai dire, il y a trop de machines et pas assez de sueur. Je suis trop vieux pour tout recommencer.

De toute façon, c'est pas comme s'il va avoir de la misère à vendre son bien, parce qu'aujourd'hui comme hier, il y a plus de preneurs que de vendeurs. Les gens de par ici ont peur des mennonites. Il paraît que lorsque ces gens-là entrent dans une vallée, ils achètent toutes les terres, une après l'autre. Ils ont leur propre financement, leur propre fournisseur, ils se tiennent en gang puis ils s'entraident. Je pense que c'est pas de ce monde-là qu'on devrait avoir peur, mais plutôt de ce qu'on est en train de devenir, parce qu'au fond les mennonites sont exactement ce que nos grands-pères étaient.

Comme eux autres, on a relevé le défi, fallait bien ; on a défriché nos terres, on avait pas le choix ; mais nous autres on s'est ouvert sur le monde, parce que c'était notre devoir ; on pouvait pas rester enfermé pendant que l'Univers se déployait devant nous à la télévision. Bout de christ, y a du monde qui meurt de faim aux nouvelles de six heures. C'est plus possible de se renfermer sur soi-même, on a pas été élevé de même. On s'est embarqué de plain-pied dans le progrès, dans le vingtième siècle, pour jouer pleinement notre rôle.

On a les deux pieds ancrés dans la terre glaise, comme nos vieux. Ils ont eu de la misère noire à tous les jours de leur règne, parce que toute bonne chose a un prix, c'est la vie, il y a du bon pis il y a du mauvais. On vit mieux que nos parents, mais il y a eu un prix à payer. À chaque génération sa misère. Aujourd'hui, on paie le progrès à coup de chaises vides. À mesure qu'on devient plus efficace, on élimine une job. Chaque chaise vide dans l'hôtel Lasalle est un ami qui est parti, chaque banc d'école abandonné est un enfant qui apprend ailleurs, chaque banc d'église vide est une famille de Canadiens errants.

    Il y en a qui disent que je suis trop direct, que je dis des choses qui se disent pas, mais les gens d'ici m'endurent parce que je suis l'hurluberlu du village. Je suis pas dangereux, peut-être un peu tannant, mais pas méchant. Quand je prends un verre de trop, je leur parle dans la face et parfois, s'il y a personne pour m'écouter, je parle aux chaises vides. Parler aux chaises, ça poigne pas. Pas par ici en tout cas. Un gars qui parlerait aux vaches, ça pourrait peut-être aller si ça donnait du meilleur lait. Il y en a qui comprennent pas ça du tout, ils voudraient m'envoyer en pension permanente sur la côte à North Bay. Mais si la plupart m'endurent, c'est qu'ils savent que je parle aux gens qui étaient ici, à leurs frères qui travaillent dans les mines, à leurs sœurs qui enseignent ailleurs, à tous les enfants du village qui travaillent pour le gouvernement à Ottawa. Il y a même quelques personnes qui savent que je parle à ceux qui vont venir et à ceux qui vont revenir parce que ce village est indestructible. Il y aura toujours une place de choix sur la terre pour ceux qui nourrissent les multitudes.

    Ça fait que, quand tu retourneras à Sudbury, dis salut à mon frère de Sudbury, salut à la plus grande partie de Earlton qui vit maintenant ailleurs. Salut vous autres! Salut, mon Ti-Paul, passe donc à l'hôtel Lasalle, il y a en masse de chaises! Des chaises de fer, des bancs d'églises, des chaises d'écoliers, des chaises pour la visite et peut-être même, dans le hangar de notre mémoire, le petit tabouret de pin blanc de mémère Lachance.

Gaston Tremblay

Incitatif pédant : Le gros tourisme à Earlton

Annie-France Brazeau
Bonjour, ici Annie-France Brazeau, vous écoutez *Incitatif pédant*.
On entend le thème musical de l'émission.
Nous recevons aujourd'hui Gregory Rotheingham, du ministère des Opérations improbables et des Études interminables.

Gregory Rotheingham
Bonj…

Annie-France Brazeau
Gregory Rotheingham, auteur de rapports incontournables dans le monde du fonctionnariat, vous avez notamment écrit *Chapleau, une nature naturelle à exploiter naturellement*, vous avez également publié un rapport pour relancer la communauté d'Ajax, à l'est de Toronto, dans lequel vous préconisez l'ouverture d'une usine d'équipement sportif, rapport intitulé *Ajax : jackstrap au max*.

GREGORY ROTHEINGHAM
Bonj…

ANNIE-FRANCE BRAZEAU
Vous avez atteint le sommet de l'Everest en transportant un immense tuyau sur vos épaules. Quand les sherpas vous ont ramené au camp, à moitié frigorifié, vous avez expliqué que vous vouliez installer une gouttière sur le toit du monde.

Il va répondre. Elle enchaîne.

Vous avez reçu un prix international pour l'ensemble de votre œuvre, prix qui vous a été retiré après qu'on a découvert que le jury était composé de votre grand-père et de vos cousins germains, Gontrand et Bilbo.

Il va répondre. Elle enchaîne.

Dans son édition de janvier 2004, le magazine *Cosmopolitan* dressait la liste des dix hommes les plus sexy — liste dont vous ne faites pas partie.

Il s'apprête à répondre. Elle enchaîne.

Et on pourrait continuer longtemps comme ça, mais je suis pas sûre qu'on ait envie d'en apprendre plus. Gregory Rotheingham, bonjour.

GREGORY ROTHEINGHAM
Bonjour Annie-France.

ANNIE-FRANCE BRAZEAU
Gregory, vous m'enchantez en me faisant découvrir Earlton, dans cette magnifique région du Québec, le Témiscamingue.

GREGORY ROTHEINGHAM
Non, non, Annie-France, vous vous pensez de l'autre côté du lac.

Annie-France Brazeau
Ah oui, en Ontario, je vois. Juste en banlieue de Toronto. Qu'est-ce que vos études approfondies nous apprennent sur cette région, prolifique Gregory ?

Gregory Rotheingham
Eh bien, voyez-vous, Annie-France, nos recherches ont identifié un marché qui est complètement inexploité et qui pourrait, ici même à Earlton, être le cœur d'une nouvelle tendance au niveau touristique : le gros tourisme.

Annie-France Brazeau
Ah oui, l'agrotourisme, c'est tout à fait charmant et bucolique. Je me souviens d'une belle expérience en fin d'après-midi en banlieue de Montréal. Vivre comme nos grands-parents ; récolter les légumes biologiques, cueillir des vers de terres, ah !

Gregory Rotheingham
Ben non, madame Brazeau, pas l'agrotourisme, ça tout le monde le fait déjà. Non, nous, on va faire le « gros tourisme » : du tourisme destiné aux gros mangeurs.

Annie-France Brazeau
Et quel est le titre du rapport que vous venez nous présenter ?

Gregory Rotheingham
en montrant le rapport

À Earlton, gâtons les gloutons aux gueuletons et gagnons le motton.

Annie-France Brazeau
Étonnons… Euh ? Étonnant ! Du tourisme engraissant pour engraisser vos profits. Ça donne

une nouvelle dimension au slogan « *Think big* ». Elvis Gratton serait fier de vous, Gregory. C'est d'ailleurs le seul qui va être fier de vous.

GREGORY ROTHEINGHAM
Le Témiscamingue québécois aussi. Eux, ils ont déjà les « Foires gourmandes », nous, on aura les « Gourmands en foire ». Vous savez, depuis trente ans, les études parlent du fléau de l'obésité. Nous, on voit ça comme un choix de vie et une clientèle sans cesse grossissante. Bref, du gros *cash*.

ANNIE-FRANCE BRAZEAU
Johnny Cash n'était pas gros. Elvis, je l'admets! Mais pas Johnny Cash! Ah, je viens de comprendre.

GREGORY ROTHEINGHAM
Enfin!

ANNIE-FRANCE BRAZEAU
Mais ça n'empêche pas que votre projet va à l'encontre de toutes les tendances actuelles. À vous entendre, le bon docteur Atkins doit se retourner dans sa tombe. Remarquez que s'il se retourne une couple de fois, il pourrait maigrir davantage.

GREGORY ROTHEINGHAM
Parlons-en du docteur Atkins. Il a ostracisé tous ces gens « bien enveloppés » avec ses messages dénigrants. À Earlton, on va les accueillir, ces touristes au portefeuille aussi volumineux que leur tour de taille. Ici, fini le *Guide alimentaire canadien*, place au *Guide alimentaire nord-ontarien*!

ANNIE-FRANCE BRAZEAU
Le *Guide alimentaire nord-ontarien*, qu'est-ce que c'est?

GREGORY ROTHEINGHAM
C'est un de mes projets. J'ai identifié quatre grands groupes alimentaires : les produits pannés, les colas et leurs substituts, les matières grasses, et les légumes et les frites.

ANNIE-FRANCE BRAZEAU
Ah, il y a quand même des légumes.

GREGORY ROTHEINGHAM
Oui. En fait, c'est du ketchup. Mes recherches m'ont amené à découvrir que c'est fait à base de tomates.

ANNIE-FRANCE BRAZEAU
Vos recherches ?

GREGORY ROTHEINGHAM
Oui. Bon… J'ai lu les ingrédients.

ANNIE-FRANCE BRAZEAU
Avec de tels projets, tous les grands guides de voyages vont vous tomber dessus à bras raccourcis.

GREGORY ROTHEINGHAM
Vous savez, on ne recherche pas la clientèle qui court les restaurants quatre fourchettes. De toute façon, je me demande quel genre de plats ils servent pour avoir besoin de les manger avec quatre fourchettes !

ANNIE-FRANCE BRAZEAU
Euh ? Beuh…

GREGORY ROTHEINGHAM
indigné
Oui, mais y avez-vous pensé ? Quatre fourchettes ! Pour manger avec tes quatre fourchettes, y faut que tu te fasses greffer au moins deux autres bras !

Annie-France Brazeau
Calmez-vous, Gregory. On va vous inscrire à un cours de restauration. Revenons sur la planète Terre, monsieur quatre-bras, monsieur la demi-pieuvre. Expliquez-moi plutôt, Gregory, en quoi vos forfaits seront différents des autres forfaits touristiques.

Gregory Rotheingham
Eh bien, tout d'abord, on va construire un nouvel hôtel qui sera énorme!

Annie-France Brazeau
Est-ce que c'est cet hôtel que je vois sur vos feuilles?

Gregory Rotheingham
Tout à fait.

Annie-France Brazeau
Je pense que vous devriez changer de nom, ça ne m'apparaît pas trop prometteur d'appeler un hôtel *Le No Vacancy*.

Gregory Rotheingham
C'est un détail. On parle d'un hôtel avec des lits renforcés, des chaises de trente-six pouces de large pour que l'ensemble du fessier soit bien appuyé. Et au menu du restaurant de l'hôtel, le spécial Wilf Paiement: entrée de poutine, ragoût de pattes et *cheese-cake* sans un regard de travers.

Annie-France Brazeau
Une douzaine d'œufs et une livre de bacon pour déjeuner, j'imagine?

Gregory Rotheingham
Non, non. Pas plus que deux œufs. Un œuf d'émeu et un œuf d'autruche.

Annie-France Brazeau
Oui, c'est bien beau de loger et de nourrir vos volumineux touristes, mais à part manger, qu'est-ce que vous leur faites faire?

Gregory Rotheingham
Ah, plein de choses! Bon, il faudra adapter un peu. Par exemple, on a ici une ferme laitière ultramoderne avec un carrousel pour traire jusqu'à douze vaches. On va installer des sièges et on aura un carrousel adapté aux dimensions de nos touristes!

Annie-France Brazeau
C'est grossier!

Gregory Rotheingham
Et la tuyauterie qui sert habituellement à la traite sera modifiée en distributeurs: un pour la crème fouettée, un autre pour le foie gras, un pour le creton en crème, *et cetera*.

Annie-France Brazeau
C'est dégradant! Bon, encore de la nourriture. J'imagine que c'est présent à toutes vos activités?

Gregory Rotheingham
Oh oui! C'est au cœur de nos forfaits touristiques. Vous savez que les épluchettes de blé d'Inde sont très populaires. Ben nous, on va faire des épluchettes de livres de beurre.

Annie-France Brazeau
Oui, saupoudré de quelques grains de maïs! Voyons, toutes vos activités ne peuvent pas être destinées qu'aux gros mangeurs. Il doit bien y avoir des activités grand public.

Gregory Rotheingham
Absolument! Au mois de juillet, on s'intègre au Earlton Steam Show, cette exposition d'équipement agricole à vapeur. Alors, au lieu de gaspiller la précieuse vapeur des engins, on va l'utiliser pour *steamer* des hot-dogs.

Annie-France Brazeau
Voyez, encore de la nourriture!

Gregory Rotheingham
À chaque année, on accueillera une grande compétition de lutte sumo. Enfin un endroit où ces formidables athlètes se sentiront chez eux. Ils seront un modèle pour les jeunes touristes qui hésitent à prendre du poids.

Annie-France Brazeau
Mais c'est tout à fait criminel d'encourager les enfants dans la voie de l'obésité! Et vous n'avez pas peur qu'au milieu des volumineux touristes, vos lutteurs de sumo n'aient l'air un peu chétifs?

Gregory Rotheingham
Non, ils apprécieront la chance de passer incognito, à part le fait qu'ils sont Japonais.

Annie-France Brazeau
Mais, dites-moi, vos projets comprennent-ils de grands happenings?

Gregory Rotheingham
Absolument! Il existe déjà le concours de beauté Miss Monde. Nous, on accueillera annuellement le concours international Miss Gloutonne d'Earlton.

ANNIE-FRANCE BRAZEAU
Le concours de beauté des femmes de forte taille.

GREGORY ROTHEINGHAM
Tout à fait! Mais jamais plus d'une concurrente à la fois sur scène!

ANNIE-FRANCE BRAZEAU
Mais sérieusement, Gregory, votre concours, Miss Gloutonne d'Earlton, va-t-il bêtement récompenser la plus grosse mangeuse?

GREGORY ROTHEINGHAM
Non, non. On va aussi s'intéresser à la personnalité des concurrentes. On va leur poser des questions et on va leur donner une note sur 100.

ANNIE-FRANCE BRAZEAU
Des questions. Comme quoi?

GREGORY ROTHEINGHAM
Euh… Êtes-vous pour ou contre la crème 35 %?

ANNIE-FRANCE BRAZEAU
POUR! Euh? CONTRE! J'ai échoué… Combien me donnez-vous?

GREGORY ROTHEINGHAM
Hum… 35 %.

ANNIE-FRANCE BRAZEAU
Finalement, c'est pas tellement différent des autres concours de beauté; je ne gagne jamais. Mais là, dites-moi, Gregory, on est à la campagne, allez-vous profiter des attraits de la nature?

GREGORY ROTHEINGHAM
Bien sûr, on va en offrir de la nature et en gros format à part ça. Comme tout sera plus gros à Earlton, on

va créer un jardin botanique où on va exposer des bonsaïs géants.

Annie-France Brazeau
Des bonsaïs géants ? Ça existe déjà, Gregory. On appelle ça des arbres. Vous voulez créer une forêt ?

Gregory Rotheingham
Et c'est pas tout : on va transformer le zoo d'Earlton. On va se débarrasser des animaux blessés qu'on soigne au centre pour accueillir des éléphants, des hippopotames, des grizzlys.

Annie-France Brazeau
Gigantesque projet. Des baleines avec ça ?

Gregory Rotheingham
Non, les baleines, on va les mettre dans le grand trou de la mine Adams. Surtout que les gens ont refusé mon dernier plan, de remplir le trou avec des déchets, qui était pourtant une très bonne idée[1].

Annie-France Brazeau
En effet, espérons que votre projet tient mieux compte des sensibilités locales que ce projet de dépotoir, qui a tant soulevé de controverse dans la région.

Gregory Rotheingham
N'ayez crainte, Annie-France. Le gros tourisme, ça va passer comme un couteau dans le beurre !

---

[1] À la fin des années 1990 et au début des années 2000, les gens du Témiscamingue ontarien ont lutté vigoureusement contre le projet d'un consortium qui voulait acheminer les déchets de Toronto par train pour les enfouir dans cette mine à ciel ouvert située à Kirkland Lake.

Annie-France Brazeau
C'est tout le temps que nous avons. Gregory Rotheingham, merci.

Gregory Rotheingham
Je vous en prie. Allez, Annie-France, je vous offre un beigne à l'érable. Prenez, prenez. J'insiste.

Annie-France Brazeau
Ah, et pourquoi pas!

Printemps du nord

Pas de photos, pas de champagne
Ni tour de piste glorieux
Pour couronner cette campagne
Un autre a couru mieux
Plus une voix pour l'acclamer
Dans l'hippodrome silencieux
Ils ont emporté le trophée
Un autre a couru mieux

Printemps du Nord était son nom
Issu d'une lignée de champions
Porteur d'espoirs et d'ambitions
Distance, vitesse et position
Printemps du Nord

Dans l'hippodrome déserté
Le lourd silence n'est pas entier
Résonne son trot saccadé
Et le roulement de son sulky
Le mille en une minute cinquante
Il va le faire, il l'a rêvé

Il aura son heure triomphante
Il va y arriver

Et seul en piste le cœur battant
Il tient la gauche au dernier droit
Rien à son flanc et rien devant
Ce sera ça, son jour de joie

Distance, vitesse et position
Porteur d'espoir et d'ambition
Issu d'une lignée de champions
Printemps du Nord était son nom
Printemps du Nord

Salut Iroquois Falls!

Dès ses débuts, le destin de cette communauté chaleureuse où il fait bon vivre était couché sur papier. Car Iroquois Falls est une de ces petites villes nord-ontariennes qu'une grande papetière a mise au monde. C'est une ville de compagnie, comme on dit, prévue et planifiée, comme en témoignent les rues courbées bordées de maisonnettes coquettes du secteur résidentiel, qui ont dans leur diversité un air de parenté. C'est ici que l'Abitibi Pulp and Paper Company est née en 1912. La naissance de la compagnie a donc accompagné la naissance de la ville.

Iroquois Falls a bien failli devenir une ville fantôme. L'Abitibi projetait de fermer sa grande machine numéro 1, la dernière de ce moulin, malgré le fait que le syndicat des employés, la CEP (le Syndicat canadien des communications, de l'énergie et du papier), était prêt à l'acheter. On a eu la frousse, mais on a évité le pire. Depuis ce temps-là, la ville brasse des idées de diversification économique. On veut produire de l'alcool de glace. On veut chauffer des planches d'épinette pour leur donner l'allure du cèdre. On en explore, des idées originales. Car, avant cette frousse-là, d'autres mises à pied étaient déjà venues friper la petite ville du papier. Des six mille personnes qui vivaient ici en 1991, il en reste environ 5000 aujourd'hui. De ceux-là, presque la moitié sont des Franco-Ontariens et à ce qu'on me dit, presque tous sont connus par leur sobriquet. Un de ceux-ci est « Bine ». C'est le sobriquet d'un personnage dont l'engagement civique défie la logique économique aveugle qui perd le Nord. Bine, c'est le plus célèbre des personnages du Grand Nord. Car Bine, c'est le père Noël!

« BINE » LACHAPPELLE

Le père Noël n'habite pas le pôle Nord. Il habite Iroquois Falls, Ontario. Puis c'est pas juste moi qui le dis, c'est un garçon de six ans qui habite ici lui aussi et qui est un spécialiste en cette matière, comme le sont tous les enfants de six ans. Une fois, ses parents l'ont amené voir le père Noël à Timmins. Mais il l'a dit à sa mère : « C'est pas lui le vrai père Noël. Le vrai, c'est celui qui est chez nous à Iroquois Falls. » Il en est bien sûr parce qu'il l'a bien vu, et pas juste une fois non plus.

Le père Noël d'Iroquois Falls vient même voir les enfants l'été sur la plage du parc, où il accoste en chaloupe pour le Noël en juillet, enveloppé dans son costume rouge et sa barbe blanche par une chaleur de 27 degrés. Il leur explique, aux enfants, qu'il a un télescope grâce auquel il les observe pour s'assurer qu'ils sont gentils. C'est comme ça qu'un bon jour, un autre garçon de quatre ans d'Iroquois Falls a reçu un coup de téléphone du père Noël, qui lui a dit :

— Ho! Ho! Daniel, je vois avec mon télescope que tu veux jamais rien manger. Il faut que tu manges pour grandir. Tu sais, ta maman a bien peur que tu finisses par tomber malade si tu manges pas.

— OK, père Noël… Oui, je vais essayer… Oui, je le promets.

Vous voyez, le père Noël d'Iroquois Falls connaît l'histoire de chaque enfant en ville. Et tous les enfants de la ville sont là sans faute, à bord du train spécial qui, chaque année, part d'Iroquois Falls et roule jusqu'à Porquis. Ils s'en vont chercher le père Noël, qui les attend debout dans la forêt, près de la voie ferrée. C'est la fête à bord, vous pouvez en être sûr, sur le chemin du retour.

Mais en plus de ça, certains enfants ont même la chance de l'apercevoir chez eux, dans leur cour, à leur porte. Une année, il avait bien vu avec son télescope une famille qui n'avait pas les moyens d'acheter des cadeaux de Noël. Donc, dans la nuit de Noël, il est allé leur en porter. Puis il n'a même pas chicané la fillette de quatre ans si excitée de voir le père Noël arriver chez elle à bord d'une motoneige qu'avant qu'on puisse l'en empêcher, elle est sortie en courant, petits pieds nus dans la neige.

Parfois le père Noël d'Iroquois Falls amenait ses propres enfants à lui, costumés en lutins, dans ses tournées de Noël. Ça leur faisait un Noël assez différent de celui d'autres enfants. Leur Noël, ils le donnaient aux autres enfants. Une année, la mère du père Noël est décédée juste avant le temps des Fêtes. Il avait le moral bas, ça se comprend. Il n'avait plus tellement envie d'être père Noël. Mais il avait promis d'aller voir un enfant malade du cancer. Et il a tenu sa promesse.

Ce ne sont pas juste les enfants qui aperçoivent le père Noël d'Iroquois Falls. Les adultes le voient aussi. Il est le père Noël de l'hôpital. Il est le père Noël de la police. Il est le père Noël du moulin pour les fêtes d'employés. Il est le père Noël du bazar annuel de sa paroisse Saints-Martyrs-Canadiens et d'autres aussi. Il est le père Noël de toutes les écoles. Il est le père Noël de presque tous les rassemblements de familles, même celles qu'il ne connaît pas tant que ça. Parce que tout le monde sait que ça ne serait pas la même fête sans lui. Comprenez-vous, il EST le père Noël d'Iroquois Falls.

Un soir, la chorale qui répétait à l'église l'a vu entrer tout essoufflé dans ses bottes noires et son costume rouge, en retard pour la répétition. Entre deux de ses apparitions de père Noël, il tenait absolument à se préparer pour chanter l'*Adeste fideles* à la messe de minuit. Il a repris son souffle. Il a répété son chant sacré. Puis il est reparti en coup de vent comme il était arrivé. Il n'avait même pas pris le temps d'enlever son costume.

Les adultes vous diront aussi que le père Noël d'Iroquois Falls a tendance à faire des migraines. Donc quand le gros *rush* du temps des fêtes approche, il doit faire un petit sacrifice et cesser de boire autant de Pepsi. Ils vous diront aussi que le père Noël d'Iroquois Falls ne chante pas juste des chants sacrés. Il connaît aussi des chansons salées. Il faut le voir chanter «Envoye! envoye! la p'tite jument!» en se roulant par terre pendant les soirées de fête. Ça vous met les larmes aux yeux. Moi, je ne l'ai jamais vu faire ça. Mais j'ai ri aux larmes la fois que je l'ai vu gagner haut la main le concours du plus grand conteur de blagues du Nord de l'Ontario, à Génier, en 1998.

Donc voyez-vous, moi aussi j'ai aperçu le père Noël d'Iroquois Falls, même si je ne vis pas ici. La seule et unique fois que je l'ai eu en entrevue pour la radio, c'était pour aider la vente des ampoules du grand arbre de Noël devant l'hôpital général Anson, ces petites lumières à la mémoire de nos proches disparus. C'est là que, par accident, il m'a révélé son secret, sans faire exprès. Il m'a confié qu'il était le père Noël d'Iroquois Falls. Et laissez-moi vous apprendre que cet homme-là, le clown des parties, le boute-en-train de toutes vos fêtes, le gros comique qui a de la joie de vivre plein son casque, eh bien, mettez-le devant un micro de la radio et… il est gêné comme un pet! En revanche, placez-le devant un appareil photo avec son casque dur pour sa photo de carte d'identité à l'usine de pâte et papier, puis là, qu'est-ce qu'il fait? Eh bien, il enlève son dentier, pour faire une belle photo professionnelle.

Étant donné qu'il est le père Noël, il a le pouvoir d'être partout et de connaître tout le monde. On dit qu'il a un genre de don: celui de voir les gens par en dedans, par les sentiments. C'est comme ça qu'il sait toujours qui a besoin de son aide. Mais il ne sait jamais accepter la moindre cenne noire en paiement pour ça. Même sans son costume, il est toujours le même. On l'a aperçu dans l'équipe des repas communautaires qu'on prépare pour les familles qui ont des funérailles et où il sait remonter le moral de tout le monde. On l'a aperçu au restaurant chinois, derrière le comptoir, en train d'aider à verser le café quand la serveuse est débordée tant la place est occupée. On l'a aperçu en train de peindre les murs d'un autre restaurant, trois jours de suite, à l'étonnement de la commerçante, nouvelle en ville, qui avait bien besoin d'aide pour ouvrir ses portes le jour prévu.

On l'a aussi aperçu assis en auto aux côtés d'une jeune femme qui voulait apprendre à conduire, mais qui n'y arrivait pas avec d'autres, tant elle était nerveuse. Eh bien, avec lui elle a réussi, et si bien que le mot s'est passé. Au fil des années, il a ainsi dû apprendre à conduire à au moins la moitié de la jeunesse d'Iroquois Falls. Il s'était informé un peu pour voir s'il pouvait en faire un commerce, mais c'était compliqué. Alors, il a tout simplement continué bénévolement.

Et quand, un bon jour, le père Noël a eu besoin d'un gros cadeau pour un membre de sa propre famille, alors là, son aide donnée aux autres lui a été rendue. Son petit neveu gravement atteint de la maladie de Crohn avait besoin de traitements expérimentaux à Toronto, des traitements très coûteux et non couverts par le régime de santé publique. Eh bien, le père Noël d'Iroquois Falls, qui connaît tout le monde, a littéralement fait jouer ses contacts. Il a réuni sept groupes musicaux locaux qui ont fait ensemble un grand spectacle-bénéfice. La soirée a rapporté huit mille dollars, parce que bien sûr, une bonne partie de la ville s'est déplacée pour l'appuyer. D'habitude, notre homme aurait certainement su remercier tout le monde abondamment. Mais à la fin de cette soirée-là, sur scène avec son neveu malade, l'émotion était si vive que dans le micro, il a à peine pu dire deux mots.

Mais la fois où Iroquois Falls a le mieux remercié son père Noël n'a pas été celle-là. C'est arrivé lors d'une mémorable soirée organisée exprès pour lui. Ce soir-là, 600 personnes se sont entassées serré dans la grande salle syndicale qui normalement n'en contient qu'un maximum de 400. Il n'y restait plus au centre qu'un étroit passage d'un mètre de large pour que l'invité d'honneur se rende sur scène, sous un tonnerre d'acclamations. Une petite ville du Nord rendait hommage à un homme en qui elle voyait le symbole de ce qu'il y a de plus grand chez elle et en elle. Les gens d'Iroquois Falls l'ont fait pleurer, le père Noël, ce soir-là. Il répétait qu'il ne comprenait pas qu'on doive le fêter, puisqu'il ne se croit pas si différent des autres. Et au fond, il avait un peu raison.

Iroquois Falls a sa bonne part de gens de valeur, des gens dont l'engagement professionnel et le bénévolat sont des richesses humaines aussi précieuses que des richesses naturelles. C'est une source d'énergie aussi puissante que des chutes sur la rivière Abitibi. On met des villes au monde quand on sait la harnacher. Cette énergie est si puissante qu'annuellement, depuis dix ans, des douzaines d'hommes d'Iroquois Falls, bien virils et bien en chair, s'habillent en robe, en collants, en soutien-gorge et en perruque. Ils se maquillent, se font belles et font la parade sur scène, juste pour financer l'autobus adapté au transport de personnes en fauteuil roulant. On me dit que la soirée est toujours d'une beauté troublante.

C'est par ce genre d'esprit communautaire que le Nord ontarien compense aujourd'hui et qu'il vaincra demain ses problèmes de région dite périphérique, que les grandes métropoles siphonnent et que les grandes tendances économiques défavorisent. Cette petite ville du papier a un cœur d'or et mérite un avenir plein d'argent. Elle saura d'autant mieux le faire advenir, ce grand avenir, qu'elle a su reconnaître à présent un homme qui symbolise son grand cœur. Je vous parle, depuis le début, de celui que tout le monde ici appelle Bine — qui, en passant, a été cette année couronné reine de la soirée des femmes. Selon moi, ce modeste héros local mérite aussi le titre de héros régional. Son nom est Denis Lachapelle. On l'appelle Bine. Il est le père Noël d'Iroquois Falls.

Petite revanche

Que les desseins de nos vies ne nous ressemblent plus
Que les forêts ne cachent que les morts du passé
Que les chutes soient fantômes dans un corps passager
Que les hommes n'arrivent plus à la porte fatigués

Que la deux, que la trois, que la quatre ne tournent plus
Qu'aucun mot, pas un sacre n'accompagne le café
Qu'il ne reste que des miettes d'amertume à cracher
Que nous aurions encore juste à tout endurer

Ah oui, je resterai
Je ne partirai pas
Je n'oublierai pas
Ah non, ah non, je ne partirai pas

Que le temps à tuer ne passe plus comme avant
Que les heures et les jours coulent et meurent sans promesses
Que la fin n'arrive plus comme elle était prévue
Qu'il n'y ait plus vraiment récompense à la fin

Ah oui, je resterai
Je ne partirai pas
Je n'oublierai pas
Ah non, ah non, je ne partirai pas

Pour Lauzon, Camiré, Lagacé et Boucher
Pour ti-Guy, ti-Pit, ti-Gus et ti-Diable
Pour les boss, les foremen, l'overtime, les jobs sales
Pour les hommes qui ont rêvé de partir sans le pouvoir

Ah, je resterai
Je ne partirai pas
Je n'oublierai pas
Ah non, ah non, je ne partirai pas

Sabine au fond des bois

Iroquois Falls! Je croyais y passer quelques jours, puis repartir vers la grande ville, Toronto. Est-ce le hasard qui a tout changé? Fait-il bien les choses? À vous de juger. Moi, je vais simplement vous conter ce qui m'est arrivé.

Quand je suis venue ici, il y a deux mois, je m'attendais à pouvoir admirer des chutes. Le premier soir, j'ai demandé au propriétaire du motel où elles étaient. D'abord, il n'a rien compris, puis, il m'a appris que, hautes de quinze pieds, elles avaient été en 1912 domptées par un barrage et avaient donc disparu. « Pas grave, ajouta-t-il en voyant mon visage déçu, une usine hydroélectrique et une papetière, à l'époque, ça valait bien les chutes. » Moi, je trouvais que le nom de la ville ne tenait point sa promesse.

Il y a eu une bonne surprise aussi: à Toronto, les gens m'avaient dit que les moulins à papier empestent l'air. Or, je ne sais pas comment Abitibi Consolidated se débrouille, mais ça ne sent pas mauvais à Iroquois Falls. Bravo!

Bien sûr, je n'étais pas venue seulement pour voir des chutes inexistantes et examiner la qualité de l'air.

Non. J'avais terminé mon B.A. en histoire et j'avais trouvé un sujet de thèse de maîtrise qui semblait me convenir à merveille. Une de mes profs, une femme un peu folle, mais intéressante, avait accepté que je fasse des recherches en vue d'une thèse sur la signification historique, sociale et politique des magasins de vêtements usagés. J'avais alors décidé de visiter les villes du Nord de l'Ontario afin de déterminer si elles avaient de tels magasins et s'il y avait des différences marquantes entre ceux-ci et les magasins de Toronto.

Je connais bien les magasins de vêtements et d'objets usagés. Tout ce que je possède, meubles, équipement de cuisine et de sport, tout mon habillement vient de là. Robes, jupes, t-shirts, blouses, vestes et manteaux, je fouille dans les rayons et trouve toujours de quoi ajouter à ma collection. Je fouille et j'achète, je ne peux pas résister, mes placards débordent! J'ai l'œil pour les bonnes aubaines. Regardez-moi donc cette jupe trois dollars, le châle deux dollars... Et le pull, pure laine, qu'en dites-vous, deux dollars quatre-vingt-quinze? C'est au Value Village de Timmins que je l'ai trouvé. Je vous le recommande, ce magasin-là! Surtout qu'il n'y en a pas à Iroquois Falls, de Value Village. Alors, un petit voyage, ça vaudrait peut-être le coup?

J'ai passé les premières semaines de mon été à arpenter — dans une vieille voiture, cadeau de ma mère — cet arrière-pays si beau et si tranquille. Je me vois encore. Moi, la citadine, en train de traverser l'océan vert des forêts sans fin, les yeux grands ouverts devant l'immense ciel bleu et ses merveilleux nuages. Le bruit des pneus sur l'asphalte des routes me rappelait le bruit des vagues que l'on entend lorsqu'on est couché sur une plage. Je me sentais une âme de surfeur debout sur sa planche, alors que j'étais assise dans cette vieille voiture. J'essayais de ne pas trop rêver afin de maintenir l'équilibre entre la vitesse et l'espace qui semblaient m'emporter.

J'aurais voulu voir un orignal, un de ceux que les panneaux annoncent à intervalles réguliers. Je n'en ai vu aucun. Disparus, eux aussi? L'orignal anime-t-il le mythe d'un Nord soi-disant inaccessible? Mais, jeune de mes vingt-trois ans, j'étais heureuse. J'étais sûre que l'été serait merveilleux. Et c'est vrai... Il y a eu Antoine.

Mais je m'égare... J'ai tendance à faire ça. À parler d'une chose, puis à prendre un chemin de traverse, raconter autre chose. Je suis navrée... Excusez-moi. Voilà, retournons à Iroquois Falls.

Au fond, pourquoi iroquois et pas ojibwé? Dans le prospectus que j'ai trouvé dans ma chambre, ça disait que les Iroquois avaient la méchante habitude de s'attaquer à d'autres tribus. Après une invasion d'un paisible village ojibwé près de Sturgeon Falls, ils auraient forcé quelques survivants à les guider vers un village plus au Nord. Pas si bêtes, ces guides! Une fois sur la rivière, ils ont, à l'approche des chutes, sauté à l'eau en emportant les pagaies, laissant les Iroquois mourir la mort violente qu'ils méritaient. Une autre version — féministe — conte qu'une vieille femme ojibwée aurait conduit les guerriers iroquois dans leur canoë vers les chutes, aurait au moment décisif lancé les pagaies dans l'eau et aurait ri très fort en mourant avec l'ennemi. Je la vois d'ici, cette femme, trouvant sa mort dans la joie de la victoire! Youpi!

Des Ojibwés paisibles, des Iroquois agressifs...

Et, tenez-vous bien, en 1906, trois immigrants juifs y ont péri. Il faut ajouter Pierre de Troyes à notre liste, même si lui ne s'est pas tué ici en 1686, s'il est seulement passé par là en allant avec cent soldats et un aumônier vaincre les *British* à la baie James. Elle est chargée, l'histoire d'Iroquois Falls!

Bon, revenons au présent. Quand on regarde pour la première fois le plan de la ville, on est stupéfait. Vraiment, je n'exagère pas! Vous connaissez des villes canadiennes qui possèdent une rue Synagogue? Que je sache, il n'y en a pas à Toronto ni à Montréal. La rue Synagogue, sur le plan de la ville d'Iroquois Falls, ça saute aux yeux!

J'aurais aimé la trouver, cette synagogue! Où? Rue Synagogue, pardi! Mais, incapable de trouver l'édifice, je me suis adressée à un monsieur, un grand aux cheveux gris, assez vieux, qui venait de descendre de sa bicyclette. Il a rajusté ses lunettes en me regardant. La synagogue? Ben, elle n'existe plus, remplacée par une station-service dans les années soixante. Disparue, tout comme les chutes!

Il était gentil, ce monsieur, un ancien curé. Il m'a offert la chaise pliante qu'il transportait sur son porte-bagages, je me suis assise, il s'appuyait contre sa bicyclette, puis il m'a fait tout un discours sur les Juifs à Iroquois Falls. C'est en 1904 que les premiers, Louis Abramson et sa femme Mooshe, les Kideckel, les Crotin et les Perkus quittent la Russie antisémite pour s'installer à Krugerdorf, où le gouvernement fédéral leur donne des terres. D'autres les ont suivis, sont allés vivre à Englehart pour participer à la construction du chemin de fer — ça leur rapportait un dollar par jour — ou bien pour travailler la terre, eux aussi. Terre fertile, familles fertiles! Mooshe et Louis ont eu treize enfants et Mooshe, sage-femme, a assisté en l'absence de médecin à plus de cinquante autres naissances.

La ville a prospéré grâce à Frank H. Anson, fondateur de la papetière. En 1925 déjà, nos immigrés ont des maisons avec électricité et eau courante, des salles de bains. Ils ouvrent des magasins, rue Railway, à ce qui s'appelle alors Ansonville. Il y a une synagogue, une petite école où les jeunes apprennent l'hébreu, un théâtre. Et ils sont amis avec tout le monde, francophones ou anglophones! La vie est belle, Iroquois Falls devient «la ville modèle du Nord».

Ah, j'oublie de vous raconter l'histoire des trois Juifs morts dans les chutes! Le 26 juin 1906, Ben Perkus et son fils Morris quittent Krugerdorf, vont en canoë jusqu'aux chutes, les contournent en faisant du portage, continuent en canoë, puis font le reste du chemin à pied, jusqu'à la gare d'Englehart. Ils vont accueillir des amis qui arrivent de Russie, via Montréal. On s'embrasse, on dîne chez des amis, on boit un verre. C'est la fête.

Pour le retour, un jeune Juif anglais, qui avait envie d'aller voir Krugerdorf, se joint à eux. Les cinq embarquent. Hélas, quand ils arrivent au centre de la rivière, un très fort courant saisit le canoë. Ils pagaient comme des fous pour regagner la rive, mais, impétueux, le courant les emporte vers les chutes. Les nouveaux arrivés ont de la chance: projetés à l'eau, ils réussissent à nager vers la terre ferme. Les trois autres périssent.

Douze jours plus tard on retrouve leurs pauvres corps au bord de l'eau, à cinq kilomètres au nord. Un fermier, dont les terres touchent ici la rive, offre un terrain pour les inhumer. Ainsi est créé le cimetière hébraïque de Krugerdorf, qui existe encore aujourd'hui, à une centaine de kilomètres au sud-est d'Iroquois Falls. Entouré d'arbres, loin de tout, loin aussi des antisémites qui vandalisent les cimetières juifs, il est difficile à trouver — j'en ai fait l'expérience! — surtout qu'il n'y a aucun panneau indicateur sur la route.

D'après le curé, il reste aujourd'hui une seule famille juive à Iroquois Falls. C'est eux qui tiennent le petit magasin de bonbons et de livres d'occasion, rue Ambridge. Sarah et Max, des juifs conservateurs, non, progressifs, je dirais. Max rit des fondamentalistes américains tout en pesant mon sachet de *gummibears*. Sarah hausse les sourcils quand son mari avance des propos athées. Parti vers des climats plus cléments, leur fils, devenu orthodoxe, enseigne les études juives dans une université américaine. Sera-t-il enterré à Krugerdorf?

Ils me montrent une photo de ce fameux cimetière et, tout à coup, je décide d'y aller.

Je le leur dis, ils me regardent avec intérêt.

— Elle est Juive, s'écrie Max.

Je proteste. Je ne veux pas m'approprier ce qui est le leur.

— Vous ne le trouverez pas, ce cimetière, me dit-il et sa femme renchérit

— Deux heures de route, précise-t-elle. Il se fait déjà tard. Attendez au moins jusqu'à demain.

À eux deux, ils m'expliquent le chemin. Direction sud-est. Le cimetière est sur la route 11, entre Iroquois Falls et Kirkland Lake, là où la 11, la 101 et la 560 forment une sorte de triangle. J'ai déjà la tête qui tourne. Devrais-je leur demander de me faire un dessin? Mais j'ai l'obscur pressentiment qu'une telle requête ne serait pas la bienvenue. Il faut que je cherche l'endroit sans trop d'assistance et même sans assistance aucune. Trouver le cimetière des Juifs du Nord, c'est mon but, ma tâche, ma quête.

Inutile de vous dire que le lendemain, ça a été la catastrophe. Deux heures de route, avait-elle dit? Trois heures et je tournais toujours en rond, je ne savais plus si j'étais sur la 11 ou sur la 101, la 560 peut-être, je ne savais plus où était le nord, où était l'est. Quel triangle? Cramponnée à mon volant, je me croyais dans un labyrinthe.

Midi. La faim me tiraille et je n'ai rien à manger. Que faut-il faire quand on est perdu?

J'arrête la voiture. Je descends. Je regarde autour de moi. Je cherche un chemin qui m'amènerait vers le lieu sacré, à pied s'il le faut. Rien. Zéro. Mais voilà, je vois une bicyclette, de l'autre côté de la route. Serait-ce celle du curé? Elle me semble plus neuve. Mais ça doit être lui. Un curé, ça peut posséder deux bicyclettes, non? Et qui d'autre qu'un croyant fidèle abandonnerait un vélo en parfait état dans un fossé? Pourtant, holà, cent kilomètres à bicyclette, n'est-ce pas trop pour un monsieur d'un certain âge?

Je m'approche et — y a-t-il encore des miracles? — voici l'entrée du cimetière! Vaste, solennel, comme intouchable. Une sorte de clairière où s'alignent des pierres tombales grises et roses, marquées de lettres que je ne saurais déchiffrer. Vais-je oser y pénétrer? Ai-je le droit de poursuivre ceux et celles qui ont trouvé refuge ici? Au loin, un oiseau se manifeste.

J'ai tellement envie de partager mon émotion. Je regarde autour de moi, je cherche le propriétaire de la bicyclette. À gauche de l'entrée, je vois une petite tente. Entre deux arbres, une corde à linge. Un t-shirt et un jeans y prennent le soleil.

Et voilà que je vois un homme couché dans l'herbe, immobile, mais pas mort comme tous ceux que l'on a amenés ici, non, il est tout simplement en train de faire un petit somme. Je vois qu'il est nu, ou presque. Une petite serviette protège son sexe des regards indiscrets. L'inconnu est jeune, il a les cheveux bruns, bouclés.

Décidément, ce n'est pas le curé. J'aurais envie de me déshabiller moi aussi, de me coucher auprès du beau dormeur. Mais je n'ose pas.

Près de lui, un cahier à dessin. Je m'assois, tout doucement, je ne veux pas le réveiller, mais je suis curieuse, je veux voir ce que cet homme a dessiné. Lentement, sans faire de bruit, je tourne les pages. Des croquis au crayon, à la plume, au fusain. Quelques aquarelles. Des arbres, des roches, des nuages, des chevalements et encore des chevalements, squelettes sur des routes abandonnées. Et toujours de nouveau, le cimetière de Krugerdorf.

Je ferme le cahier. Antoine ouvre les yeux. « Bonjour, lui dis-je. C'est beau ce que tu fais. » Il me sourit. Il se lève, va chercher ses vêtements, s'habille.

— Et toi, qu'est-ce que tu es venue faire ici ?
— Je cherchais le cimetière.
— Ah bon.

Antoine sort deux pommes de son sac à dos.
— C'est un peu le paradis ici, dit-il.

Il me tend une pomme.
— Et il n'y a pas de serpent et on ne va pas nous chasser.

Nous mangeons. Quand il a fini, Antoine prend son crayon.
— Tu permets ?

Il ouvre son cahier, commence à dessiner. Je vois qu'il trace mon visage sur la page qui était ouverte lorsqu'il dormait. Sabine au cimetière israélite, Sabine au fond des bois.

Le mouvement de sa main, ses yeux qui me regardent, le bruit presque imperceptible du crayon sur le papier, tout cela est comme une douce caresse sur mes joues, ma bouche, mes tempes et mes cheveux. Je sais que pour une fois tout est vraiment pour le mieux dans le meilleur des mondes possibles, qu'ici, dans le refuge qu'ont trouvé des persécutés, je viens de trouver ce qui sera peut-être mon bonheur.

❖

Ça vous irait, un petit retour en arrière ? Oui ? Merci… Avant de me donner la voiture, ma mère l'avait fait inspecter, avait fait refaire les freins. Le garagiste avait approuvé :

— Comme ça, votre fille sera sûre de pouvoir s'arrêter si jamais elle rencontre un orignal.

Maman avait ri de la remarque. Mais quand je lui ai parlé de ma rencontre avec Antoine, elle me l'a rappelée. «Sabine, m'a-t-elle dit, parfois il faut freiner un peu.»

Ne vous inquiétez donc pas pour moi, je ne suis pas folle. Je réfléchis à ce que je fais. *To fall in love,* c'est beau, très beau. Mais parfois, ça se termine mal. Si Iroquois Falls n'a plus ses chutes, l'amour, vous le savez tous, en cache encore.

Pour commencer, j'avais besoin de faire quelque chose de raisonnable. J'ai décidé de changer de thèse. Il y a eu tout un échange de courriels avec mon prof, on s'est parlé au téléphone, puis elle est d'accord que j'abandonne les chiffons, que je me consacre à ce qui me fascine de plus en plus : l'histoire de ce groupe de Juifs du Nord si courageusement errants.

J'écrirai sur les Lévy, les Solomon, les Nosov, les Perlmutter, les Abramson et tous les autres venus de si loin ! J'apprendrai l'hébreu avec Sarah, Max qui aime les vieux livres m'aidera dans mes recherches. Antoine, j'en suis sûre, me donnera bien quelques dessins pour illustrer le chapitre le plus important qui portera sur le cimetière de Krugerdorf.

Je resterai donc ici, au moins le temps de cette thèse. Après, on verra. Si tout va bien, vraiment bien, on s'achètera peut-être une petite maison, Antoine et moi. Il paraît qu'elles ne coûtent pas cher ici, les maisons. Et alors je demanderai à mon ami le curé de venir la bénir, pourquoi pas ?

Marguerite Andersen

Incitatif pédant : Y'aura quoi à Iroquois Falls ?

Annie-France Brazeau
Bonjour, ici Annie-France Brazeau, vous écoutez *Incitatif pédant*.

On entend le thème musical de l'émission.

Nous recevons aujourd'hui Gregory Rotheingham, du ministère des Opérations improbables et des Études interminables.

Gregory Rotheingham
Bonj…

Annie-France Brazeau
Gregory Rotheingham, auteur de rapports incontournables dans le monde du fonctionnariat, vous avez écrit un rapport sur la communauté de Wawa, dans lequel vous préconisez l'ouverture de condominiums géants pour les chiens, rapport que vous avez intitulé *Tous les chiens font Wawa*.

Gregory Rotheingham
Bonj…

ANNIE-FRANCE BRAZEAU
La rumeur populaire dit que vous avez vendu votre âme au diable, mais que celui-ci vous l'a retournée, prétextant un défaut de fabrication.

Il va répondre. Elle enchaîne.

Vous imitez le pinson comme personne. Vous êtes somnambule…

GREGORY ROTHEINGHAM
surpris

Ah! Vous me l'apprenez!

ANNIE-FRANCE BRAZEAU
On a des photos. Et je pourrais continuer longtemps comme ça, mais je pense que nous en savons déjà beaucoup trop! Gregory Rotheingham, bonjour.

GREGORY ROTHEINGHAM
Bonjour Annie-France.

ANNIE-FRANCE BRAZEAU
Gregory, vous venez nous présenter votre tout nouveau rapport, qui vise à donner un souffle nouveau à la ville d'Iroquois Falls. Comment s'appelle votre rapport, cette fois-ci, Gregory?

GREGORY ROTHEINGHAM
Eh bien, mon rapport s'appelle: *Y aura qui? Y aura quand? Y aura quoi? À Iroquois Falls?*

ANNIE-FRANCE BRAZEAU
Et que suggérez-vous pour diversifier l'économie d'Iroquois Falls?

GREGORY ROTHEINGHAM
Eh bien, Annie-France, ce que je propose aux gens d'Iroquois Falls, c'est de bâtir leur économie sur les ressources déjà disponibles dans la communauté.

ANNIE-FRANCE BRAZEAU
Les Iroquois ?

GREGORY ROTHEINGHAM
Ben non ! Il n'y a pas d'Iroquois à Iroquois Falls.

ANNIE-FRANCE BRAZEAU
Les chutes ?

GREGORY ROTHEINGHAM
Non. Il n'y a pas de chutes non plus à Iroquois Falls.

ANNIE-FRANCE BRAZEAU
Ça promet ! Alors sur quoi allez-vous vous baser, Gregory ?

GREGORY ROTHEINGHAM
Sur deux pôles : alors le premier, c'est le tourisme, mais surtout, il y a les sous-produits de la forêt.

ANNIE-FRANCE BRAZEAU
Décrivez-moi les sous-produits de la forêt, qu'est-ce que c'est ?

GREGORY ROTHEINGHAM
Ben, entre autres, il y aurait les queux de castor au miel. Ça pourrait ressembler à du *beef jerky*, mais sucré.

ANNIE-FRANCE BRAZEAU
Il va falloir mâcher longtemps !

Gregory Rotheingham
Dans la région, il pousse des champignons un peu hallucinogènes, mais là, par exemple, ce serait un marché parallèle.

Annie-France Brazeau
Oui, ces champignons expliquent bien des choses dans votre cas, Gregory Rotheingham.

Gregory Rotheingham
Eh, eh, j'aime pas les champignons.

Annie-France Brazeau
Écoutez, revenons à notre rapport, Gregory. Décrivez-moi ce que vous avez dans ce rapport-là.

Gregory Rotheingham
montrant le rapport

Alors, on va relancer l'économie d'Iroquois Falls en utilisant l'écorce de bouleau pour faire des cornets.

Annie-France Brazeau
Ah oui, ces fameux cornets pour appeler l'orignal. J'imagine que vous allez les transformer en cornets de crème glacée?

Gregory Rotheingham
Absolument! Comment avez-vous deviné? Saviez-vous que d'après mes calculs, un parent dépensera en moyenne 28,35 $ en cornets pour la crème glacée dans la vie d'un seul enfant. Alors, j'ai pensé à un cornet réutilisable! Un seul cornet dure toute la jeunesse de nos enfants.

Annie-France Brazeau
Fantastique! On pourra donc économiser un précieux 28,35 $.

GREGORY ROTHEINGHAM
Absolument!

ANNIE-FRANCE BRAZEAU
Et combien se vendra ce cornet réutilisable?

GREGORY ROTHEINGHAM
35 $.

ANNIE-FRANCE BRAZEAU
Bon, si je vous comprends bien, Gregory, vous allez rebâtir l'économie d'Iroquois Falls sur le dos des enfants.

GREGORY ROTHEINGHAM
Ah, pas seulement sur le dos des enfants, quand même. Sur le dos des adultes aussi! On va faire une révolution dans le monde des consommations estivales avec la bière-popsicle santé.

ANNIE-FRANCE BRAZEAU
Holà! Un instant, Gregory! Bière, popsicle, santé, c'est trois choses qui ne vont pas ensemble. Essayons-les par deux, juste pour voir: Bière-santé… non, ça ne vas pas. Popsicle-santé… ça ne va pas non plus. Bière-*popsicle*… toujours pas.

GREGORY ROTHEINGHAM
Je vous explique. L'idée, c'est qu'on prend les bières les plus populaires, on les vide dans un verre de plastique et on les congèle avec une belle branche de sapin au milieu. Puis, ce qui va arriver, c'est que les gens vont lécher, lécher et, rendu au centre, ils vont avoir une chique de gomme de sapin. Alors, ce sera rafraîchissant, santé, alcool et, en plus, la gomme masque l'haleine si on se fait prendre par la police.

Annie-France Brazeau
Gregory Rotheingham, je suis désolée, mais y a pas personne qui va acheter une bière congelée avec de la gomme de sapin au centre.

Gregory Rotheingham
Au contraire, Annie-France, tous vos amis montréalais vont en déguster sur les terrasses cet été.

Annie-France Brazeau
Un instant, Gregory. Montréal est sans doute ce qui est le plus loin au monde de la gomme de sapin. Ça marchera jamais, votre affaire.

Gregory Rotheingham
Pas de problème. On va leur dire que c'est populaire à Londres.

Annie-France Brazeau
Vraiment? Londres craque pour la gomme de sapin?

Gregory Rotheingham
Oui, oui!

Annie-France Brazeau
Ah, je peux comprendre dans le fond… Euh? Est-ce que Tony Blair aime la gomme de sapin?

Gregory Rotheingham
prenant une voix de vendeur d'aspirateur

Ah ben, oui, Tony Blair, ça fait déjà des années qu'il a compris que la gomme de sapin, c'est très bon pour la santé. Ça vient dans des petites capsules et ça se vend comme des petits pains chauds!

ANNIE-FRANCE BRAZEAU
Gregory, parmi vos projets, vous voulez également attirer des touristes à Iroquois Falls. Comment allez-vous faire ?

GREGORY ROTHEINGHAM
Ah ben, ça les touristes, on va en attirer avec notre carnaval : un carnaval extrême.

ANNIE-FRANCE BRAZEAU
Un carnaval extrême. Extrême, c'est très tendance. Ça pourrait réussir. Qu'est-ce que vous allez présenter dans votre carnaval ?

GREGORY ROTHEINGHAM
Il va y avoir, entre autres, une course de canot sur la rivière Abitibi.

ANNIE-FRANCE BRAZEAU
Gregory, tous les carnavals ont une course de canot. Entre vous et moi, on ne peut pas dire que c'est très extrême.

GREGORY ROTHEINGHAM
Oui, mais en connaissez-vous des courses de canot où on saute le barrage électrique ? C'est en hommage aux Iroquois qui ont donné leur nom à la ville en se tuant au bas des chutes.

ANNIE-FRANCE BRAZEAU
Mais, voyons Gregory, vous voulez tuer les participants !

GREGORY ROTHEINGHAM
Absolument pas. La ville a déjà un nom, qu'est-ce qu'on ferait avec d'autres morts ? Les participants seront équipés d'un deltaplane et, quand ils arriveront

au barrage, ils vont s'envoler et le gagnant c'est celui qui va se rendre le plus loin.

ANNIE-FRANCE BRAZEAU
Étonnant! Parlez-moi d'une autre épreuve, monsieur *flyé*?

GREGORY ROTHEINGHAM
Ben, on aura aussi la course de traîneau à chiens inversée.

ANNIE-FRANCE BRAZEAU
La course de traîneau à chiens inversée? Qu'est-ce que c'est?

GREGORY ROTHEINGHAM
Voyez-vous, ce sont les participants qui sont attelés. Dans le traîneau, il y a un *pitbull* enragé. Les participants vont avoir affaire à courir.

ANNIE-FRANCE BRAZEAU
Et j'ai lu dans votre rapport que vous voulez utiliser de nouvelles technologies pour attirer les touristes.

GREGORY ROTHEINGHAM
Bien sûr! On va faire un rallye pour enfants. On va faire monter plein d'enfants dans le train à Porquis Junction. On en fera descendre deux ou trois à chaque kilomètre avec un GPS dans les mains, et ils doivent se rendre à Iroquois Falls. Ceux qui vont réussir vont gagner un cadeau.

ANNIE-FRANCE BRAZEAU
Ceux qui vont réussir? Mais c'est épouvantable! S'ils se perdent en forêt ou s'ils rencontrent un animal sauvage? Y avez-vous pensé seulement?

GREGORY ROTHEINGHAM
Ben non, ben non, il ne faut pas s'inquiéter, c'est juste la moitié de l'activité. L'autre moitié, c'est les adultes qui partent en motoneige et ceux qui ramassent des enfants obtiennent le prix.

ANNIE-FRANCE BRAZEAU
En plus, les pauvres enfants vont perdre leurs cadeaux, Gregory? Mais c'est épouvantable!

GREGORY ROTHEINGHAM
Oui, mais de toute façon, le cadeau, c'est une bière-santé-popsicle! Les enfants n'auraient pas pu la prendre et il aurait fallu qu'ils la donnent à leurs parents.

ANNIE-FRANCE BRAZEAU
Oui, bon ça va. Vous savez, Grégory, *Incitatif pédant* est une émission très écoutée. On vient tout juste de recevoir un courrier électronique vous concernant. Alors je lis: «Bonjour madame Brazeau, vous êtes grande! Par contre, je me questionne au sujet de Gregory Rotheingham. Au mieux, c'est un lunatique, au pire c'est un hystérique.» Voilà, c'est un courrier électronique que nous venons de recevoir.

Elle le lance sur la table. Gregory regarde le courriel et le saisit brusquement.

GREGORY ROTHEINGHAM
Beuh... Mais c'est pas un courrier électronique, c'est écrit à la main!

ANNIE-FRANCE BRAZEAU
Oh... Euh...

GREGORY ROTHEINGHAM
Et c'est VOTRE écriture, Annie-France!

ANNIE-FRANCE BRAZEAU
mal à l'aise

Ah, ça, c'est troublant, ça. Alors, j'aimerais demander à cet auditeur de bien vouloir cesser d'envoyer des courriers électroniques en imitant mon écriture.

GREGORY ROTHEINGHAM
Mais c'est écrit au stylo!

ANNIE-FRANCE BRAZEAU
On n'a plus de temps, Gregory.

GREGORY ROTHEINGHAM
Et il y a vos empreintes digitales!

ANNIE-FRANCE BRAZEAU
Plus de temps!

GREGORY ROTHEINGHAM
Et c'est votre parfum sur la lettre!

ANNIE-FRANCE BRAZEAU
Je ne vous entends plus!

Elle se bouche les oreilles et chante.

Entre ailleurs et autrefois

Elle roule dans le brouillard,
Sur une petite route du Nord
Elle roule vers la petite ville
Où elle a grandi tranquille
Dans la lumière de ses phares
Trop de blanc dans la nuit noire
Comme si tout s'est confondu
Comme si elle s'est perdue

Tout le monde trouve le chemin
Par où sortir de son enfance
À la recherche de son destin
À la poursuite de sa chance
Mais tout le monde ne trouve pas
Le petit sentier qui y ramène
On n'a pas tous cette chance-là
Trouver sa place au bout de sa peine

Elle roule depuis des heures
Vers la maison de sa sœur
Où demeuraient ses vieux parents
Dans le temps qu'ils étaient vivants

Elle connaît la route par cœur
Mais ne la reconnaît pas
Est-ce qu'elle a fait une erreur
Suit-elle bien la route qu'elle croit

Tout le monde trouve le chemin
Par où sortir de son enfance
À la recherche de son destin
À la poursuite de sa chance
Mais tout le monde ne trouve pas
Le petit sentier qui y ramène
On n'a pas tous cette chance-là
Trouver sa place au bout de sa peine

Elle roule dans le brouillard
Sur une petite route du Nord
Ne voit pas très loin devant
Ne se retrouve pas vraiment
Elle a le sentiment fou
Qu'elle n'avance pas du tout
Entre ailleurs et autrefois
Peut-on retourner chez soi ?
Peut-on retourner chez soi
Entre ailleurs et autrefois ?

SALUT SPANISH!

Au bord de la route 17, là où la rivière Spanish se jette dans le lac Huron en formant un bel archipel et un bon havre pour une nouvelle marina — une des plus appréciées des Grands Lacs — se trouve un village franc et honnête, malgré son nom trompeur. Car, sachez-le, il n'y a rien d'espagnol à Spanish (non plus à Espanola, en amont sur la rivière).

Sur les vieilles cartes de la Nouvelle-France, cette rivière se nommait « l'Espagnole ». Ça on le sait. Mais pourquoi, ça on ne le sait pas. Une dizaine d'hypothèses circulent. La plus colorée soutient que des explorateurs français furent étonnés d'entendre des mots espagnols dans le parler des Amérindiens de l'endroit. On leur aurait dit qu'une femme faite prisonnière lors d'un raid amérindien dans le Sud aurait appris sa langue à ses enfants.

La langue maternelle, c'est tenace, on le sait. C'est pour ça qu'à défaut d'espagnol, vous entendrez parler français ici. Environ le tiers des neuf cents habitants de Spanish sont Canadiens français. Il y en a par ici depuis le milieu du 19e siècle. Ils sont venus bûcher sur la Rive-Nord même avant l'arrivée du chemin de fer. Ils sont venus cultiver. Ils étaient nombreux dans les belles années forestières et minières.

Mais comme partout dans le Nord, le vent a tourné. En six ans, selon le dernier recensement, Spanish a perdu dix pour cent de ses habitants. S'il a bien fallu dire salut à ceux qui sont partis, aujourd'hui nous saluons ceux qui tiennent à y rester. Spanish a dans son passé un homme qui n'a laissé presqu'aucune trace dans l'histoire, sauf… ses histoires. Mais quelles histoires !

Jules Couvrette

Jules Couvrette était un des pires péteurs de broue, conteur de coups, fabricateurs d'histoires de fou que vous puissiez imaginer. Il en a tant et si bien conté, de ses aventures insensées, tirées par les cheveux, exagérées à qui mieux mieux, qu'enfin on s'est demandé : a-t-il vraiment pu exister, ce Jules Couvrette ?

Qu'il ait vraiment existé, on en est sûr au musée de Massey, où j'ai trouvé le document *Gems of History*, d'où j'ai tiré ce que je vais conter. Ce petit cahier dactylographié est le fruit d'une enquête orale locale que la Spanish River Women's Institute a menée dans les années soixante-dix. Ces enquêteuses ont découvert que plusieurs familles pionnières connaissaient et racontaient de curieuses histoires immanquablement attribuées à Jules Couvrette, sans pourtant savoir qui il était exactement. En tout cas, ces histoires ont fini par donner tout un chapitre dans le cahier. Moi, je ne fais que les répéter. Vous en jugerez, à les écouter, si Jules Couvrette a existé.

❖

Un après-midi d'hiver, Jules Couvrette est entré dans le magasin général de Spanish, dont monsieur Sandowski était le propriétaire. Par hasard, il s'y trouvait un client qui n'était pas du coin. Jules Couvrette a dit :

— Sandowski, tu paies combien pour une corde de lièvres ces temps-ci ?

— Ça dépend. T'en as combien ?

— Deux cordes, peut-être même trois ! » a répondu Jules Couvrette.

Puis il est sorti.

— C'est un fou, celui-là ? a demandé l'étranger.

— Oui et non. S'il revient, tu lui demanderas comment il les attrape, ses lièvres.

Sur ces entrefaites, Jules Couvrette est revenu et l'étranger lui a posé sa question.

— C'est simple. La rivière est couverte de glace lisse ces temps-ci. Mes garçons et moi, on y place partout de petits tas d'éclisses de cèdre pas plus grosses que des crayons. À la brunante, on les allume. Les lièvres aiment la chaleur, donc ils s'approchent. Une fois bien réchauffés, ils s'endorment. Mais quand le feu s'éteint, la glace se reforme et leurs derrières restent pris dedans. Donc le matin, mes garçons et moi, on a juste à les faucher puis à les corder.

— Vraiment ? Mais qu'est-ce que vous faites l'été ?

— L'été ? Alors là, on va sur le chemin de la réserve. Le terrain, par là, c'est de la belle roche lisse. Là-dessus, on laisse partout des petits tas de poivre. Les lièvres qui passent là sentent ça. Quand ils éternuent — atchoum ! — leur tête se lance par en avant contre le roc puis ils s'assomment. Avec le poivre et les éclisses, j'ai pas besoin de collets. Mais dis donc, Sandowski, tu la paies combien, la corde de lièvres aujourd'hui ?

«Vas te promener!» a été la réponse de Sandowski. Cette réponse a soulagé l'étranger.

※

Une autre fois, Jules Couvrette se faisait voler ses patates la nuit, dans son champ au bord de la rivière. Donc une nuit, il s'y cache avec sa hache.

Vers minuit, il a entendu la vase clapoter, puis un corps se traîner entre deux rangs de patates. Soudain, c'est le face-à-face avec son voleur, qui était... une barbotte géante!

D'un grand coup de hache, Jules Couvrette lui a fendu la tête en deux moitiés. Mais la barbotte a quand même réussi à se sauver dans l'eau.

Le pire, c'est que la nuit suivante, la barbotte est quand même revenue voler des patates. Puis maintenant, elle déterrait deux rangs en même temps!

※

Comme tout cultivateur, Jules Couvrette bûchait en hiver. Mais, parfois, il façonnait ses harnais non pas avec du cuir, mais de la babiche.

La babiche, quand c'est mouillé, ça s'étire. Une fois, son harnais s'est tellement étiré que le cheval était rendu à l'étable, mais la bille qu'il traînait était encore dans le bois.

Mais Jules Couvrette avait du savoir-faire. Il a juste dételé le cheval et accroché le harnais à une souche. Pendant la nuit, la babiche a rétréci. Donc, au matin, la bille était rendue près de la grange. Ça n'avait pas été forçant.

※

Cette histoire-ci remonte au temps où il y avait encore des pins géants sur la Rive-Nord. Jules Couvrette racontait qu'à son arrivée dans la région, il était marteleur près de la rivière aux Sables. Le marteleur, on l'appelle aussi le *fitteur*. C'est l'homme qui marque d'un coup de hache les bons arbres à abattre.

Une fois, Jules Couvrette a planté sa hache dans le pin le plus immense qu'il ait jamais vu. Puis il en a fait le tour comme il faut faire pour juger de quel côté il allait tomber. Quand il a eu fini d'en faire le tour et qu'il est revenu là où sa hache était plantée, il a trouvé juste la lame. Le manche, lui, avait disparu.

Jules Couvrette était perplexe, mais il a vite compris. Ça avait été si long, faire le tour de cet arbre, que le manche avait eu le temps de pourrir !

❖

Les chiens de Jules Couvrette étaient les plus intelligents du pays. Il en avait un si fin qu'il lui suffisait de pointer du doigt ce qu'il voulait et ce chien-là s'en occupait.

Dans ce temps-là, Jules Couvrette défrichait. Il y avait de grosses souches sur sa terre. Donc, il s'est procuré de la dynamite. Prudent quand même, il a utilisé une longue mèche. Malheureusement, ça a donné le temps à sa meilleure vache de s'en approcher de trop près. Sans réfléchir, Jules Couvrette a pointé la souche du doigt. Son chien est parti en flèche. Et le pire est advenu. Juste comme le chien l'a atteint, la souche a explosé. Son pauvre chien a revolé trente pieds en l'air, et est retombé juste à ses pieds, déchiré en deux !

Sans hésiter, Jules Couvrette a vite recollé les deux bouts du chien ensemble et, miraculeusement, son chien semblait bien se porter. Mais il avait agi si vite que les deux pattes d'en arrière pointaient par en l'air!

Mais ça ne le dérangeait pas, au contraire. Ce chien-là courait sur deux pattes d'abord, puis il se roulait de l'autre côté et courait sur les deux autres. Il ne se fatiguait jamais. Il était deux fois meilleur qu'avant!

⁙

Les chiens de Jules Couvrette étaient aussi bons à la chasse. Il en avait un qui ne lâchait jamais sa proie, au grand jamais.

Une fois, ce chien s'est mis à pourchasser un renard derrière Blind River. Quand il les a revus les deux, le lendemain, ils étaient à Walford. Mais ils ne couraient plus, ils marchaient lentement, tellement ils étaient morts de fatigue.

Ce chien-là était aussi champion pour suivre une piste à l'odeur. Mais une fois, il s'est trompé. Il s'est mis à suivre une piste d'orignal pendant sept jours. Quand il s'est enfin arrêté, il n'y avait pas un animal autour. Jules Couvrette était perplexe, mais il a fini par comprendre. Son chien avait suivi la piste de reculons. C'était donc à cet endroit que l'orignal était né.

⁙

Jules Couvrette trappait aussi et son chien était fameux pour ça.

Tout ce qu'il avait à faire, c'était de sortir une des planches sur lesquelles il tendait les peaux à sécher. Le chien savait quelle prise faisait sur cette planche-là — castor, martre, pécan — puis il partait lui en chercher une.

Une fois, Jules Couvrette a sorti la planche à repasser. Son chien est parti. Mais il ne l'a plus jamais revu.

⁂

Même sans son chien, ce chasseur savait chasser. Une fois, Jules Couvrette, en chaloupe, poursuivait à la rame un orignal à la nage. C'était épuisant. À force de ramer, il a réussi à s'approcher assez près de la bête pour lui passer une corde autour du panache. Là, il pouvait relaxer, en attendant que l'orignal atteigne la rive pour le tirer. Malheureusement, sa chaloupe s'est cognée contre un arbre submergé et Jules Couvrette est tombé dans le lac.

L'automne suivant, il est retourné au même lac et il a entendu un vacarme d'enfer dans le bois. C'est ce même orignal qui est apparu, traînant toujours la chaloupe ! Mais le plus impressionnant, c'est que couché dedans, il y avait un bébé orignal, un veau de l'année. Puis la femelle suivait derrière !

⁂

La fois où Jules Couvrette a eu le plus peur, c'est une fois où il était parti trapper sans carabine. Six loups l'ont piégé dans un arbre où il avait grimpé pour leur échapper. Trois sont partis, mais trois sont restés là à le surveiller.

C'est sournois un loup. Mais jamais il n'aurait imaginé ce qui lui arrivait. Les loups sont revenus avec un castor, et le castor s'est mis à ronger l'arbre. Heureusement que la forêt était dense à cet endroit. Ça l'a sauvé, parce que l'arbre n'est pas tombé d'un coup, il s'est appuyé contre l'arbre voisin. Jules Couvrette a eu le temps de s'y agripper avant que son arbre ne s'écrase.

Mais ce n'était pas fini. Le castor a recommencé. Mais je vous ai dit que la forêt était dense : c'est la même chose qui est arrivée. Après le cinquième arbre, le castor s'est découragé, puis les loups sont partis.

Mais c'est pas tout ça qui explique que Jules Couvrette ait passé toute une nuit dans la forêt. C'est qu'il n'a pas osé descendre de l'arbre avant le lendemain matin.

❖

Et tout ça, mes amis, ce n'est qu'un survol des histoires de Jules Couvrette que le musée de Massey conserve. Il en a conté beaucoup d'autres et prenait bien plus son temps que moi.

Ça se comprend qu'on ait pu douter de son existence, tant on peut douter de ses aventures. Ce grand conteur de peurs était si fort dans son art que ses fictions l'ont remplacé dans la réalité. Mais sachez qu'il a bel et bien vécu à Spanish, Jules Couvrette. Son nom figure sur une vieille carte du canton à titre de propriétaire d'une terre bordant la rivière, là où elle fait un coude, au sud du village. Son nom se trouve dans la liste des électeurs du secteur 26 du district d'Algoma Est. Et là on a une date. C'était en 1917. Ce sont de rares détails sur la vraie vie de Jules Couvrette qu'on peut découvrir en fouillant dans la bibliothèque publique de Spanish.

Mais ce qui compte, c'est son nom dans ses contes. Ce qui compte encore plus, c'est que tant d'autres aient répété ce nom en répétant ses contes, pour être complices de ce grand esprit blagueur à la hauteur d'un grand pays inspirateur. Il y a des discours pleins de bons sens qui déguisent la bêtise. Il faut peut-être tourner le dos au réalisme quand il nourrit le pessimisme. Nous en avons trop, dans le Nord de l'Ontario, de dures réalités à changer, de tristes réalités à corriger. C'est par la force de l'esprit qu'on y aura réussi. C'est en ayant du bagout qu'on en viendra à bout. Pour ces qualités-là, à Spanish, on a un fameux modèle : on a Jules Couvrette.

Raconte-moi des histoires

J'ai besoin de croire que ça ira mieux
Je suis pris dans le courant
Je suis comme un chien qui se chasse la queue
C'est pas mal étourdissant
Ma petite vie normale, puis ma job banale
C'est pas valorisant
Je veux m'aligner, je voudrais gagner
Mais je sais pas comment

Oh! s'il te plaît
Raconte-moi des histoires, fais-moi de beaux accroires
Fais-moi rêver un peu, dis-moi que ça ira mieux
Invente-moi un espoir, le bon sens j'y crois plus
Fais-moi sortir du noir
Je suis pas mal tanné d'être un ti-cul

J'ai obéi à mes parents, j'ai écouté mes enseignants
J'ai fait pas mal ce qu'on m'a dit de faire
J'ai essayé de suivre la mode
J'ai bu la Bleue, j'ai bu la Bud
Mon coat de cuir m'a coûté cher

Je fais de mon mieux pour être du monde
Pendant un bout j'avais une blonde
Avant je fumais, maintenant j'arrête
Mais quand je me lève le matin
Pour faire mon bon petit citoyen
Je sens juste qu'on se paie ma tête

Oh! s'il te plaît
Dis-moi que ça va changer si j'y mets plus de cœur
Que tout va s'arranger, que c'est pas mieux ailleurs
Fais-moi rêver un peu, fais-moi de beaux accroires
Dis-moi que ça ira mieux
Envoye, là, raconte-moi des histoires

Vas-tu falloir que je sacre mon camp
Vas-tu falloir que je pique une crise
Vas-tu falloir que je prenne mon trou
Que je brûle un lampion à l'église
J'ai l'impression de mériter mieux
Que je vaux quand même autant qu'un autre
Je sais, c'est pas beau d'être envieux
Dis-moi que tout ça, c'est pas de ma faute

Oh! s'il te plaît, raconte-moi des histoires
Oh! s'il te plaît, raconte-moi des histoires

Tout feu tout flamme

L'histoire commence une nuit d'automne. Une nuit de pleine lune... pleine, ronde et orange comme si elle avait avalé le soleil. Quand la lune se pare de ses atours de feu comme ça, les Anglais la nomment *blood moon*; les Amérindiens et les poètes l'ont baptisé la «lune de feu» et Environnement Canada appelle ça une éclipse lunaire. Peu importe... cette nuit-là, la lueur flamboyante de la lune était telle qu'elle embrasait les arbres comme en plein jour et donnait aux eaux du lac Huron un aspect cuivré.

Quand je dis le lac Huron, évidemment je ne parle pas du lac au grand complet. Ça ferait trop pour ceux qui n'ont pas beaucoup d'imagination. Imaginez plutôt la pleine lune qui se mire dans le North Channel et imaginez que le lac la trouve tellement belle qu'il ne bouge pas d'une goutte dans l'espoir qu'elle va venir se coucher sur lui. Tout le monde sait que l'eau et le feu, ça ne se mélange pas... sauf les vieux Ojibwés qui prétendent que le feu de la lune lui, peut venir se mêler à l'eau d'un lac le temps d'une caresse, voire d'un long baiser. Mais seulement si le lac reste d'un calme plat. Cette nuit-là, le lac Huron a ouvert ses flots si doucement que la lune est venue s'allonger sur lui. Le feu et l'eau se sont effleurés pendant un fragment d'éternité où la lune a eu le temps de s'abandonner tellement creux dans l'eau du lac qu'elle a touché le fond.

En cette nuit de poésie cosmique, Paulo, un jeune Gaspésien chercheur d'épaves, était campé seul au creux de la baie de l'île Fox. Et cette nuit-là, précisément, il avait décidé de coucher à la belle étoile tellement le temps était doux. Comme Paulo n'était pas ronfleur, il n'avait pas attiré l'attention des incommensurables amoureux. Sauf qu'il fut réveillé au milieu de la nuit par la chaleur intense du clair de lune. Du moment où il a ouvert les yeux, il a vu le lac Huron faire la cour à la lune et la lune s'étendre sur lui de tout son rond. Au moment précis où la lune touchait le fond du lac, Paulo a étiré le cou pour mieux voir ce qui brillait dans l'abîme des eaux. C'est tout ce que ça prenait pour briser le charme. Surprise dans ses ébats les plus intimes — et les plus rares — la lune s'est sauvée tellement vite qu'elle a laissé une petite partie d'elle-même au fond du lac. Pour hurler sa peine de grand lac, le lac Huron s'est mis à éclabousser les étoiles, à battre les côtes rocheuses des îles, à écraser les roseaux et le riz sauvage de l'embouchure de la Spanish... Bref, le lac Huron faisait tous les temps!

En vrai homme de la mer, Paulo savait que tôt ou tard, le lac allait retrouver son calme et qu'à ce moment-là, il pourrait plonger jusque dans ses entrailles, s'il le fallait, pour aller cueillir le trésor mystérieux qu'il avait entrevu et croyait voir encore entre les soubresauts du lac. Finalement, ce n'est qu'aux petites heures du septième matin que Paulo, vêtu de son costume d'amphibien, a pu se glisser dans l'eau du lac à la manière d'une rumeur dans l'esprit d'une commère. Et là, enfoui dans les profondeurs ténébreuses, il a trouvé l'objet de son délire encore chaud au toucher. L'objet, c'était un croissant de lune en or sur un collier de la même couleur. Il n'arrivait pas à lire l'inscription sur le bijou parce que sa vision était devenue floue. Pire, ses oreilles bourdonnaient. Il manquait d'air ! Il a voulu se projeter vers la surface, mais il s'était mis tellement de poids à la ceinture pour se rendre au fond qu'il nageait comme une roche. C'est à ce moment-là que les événements ont pris une tournure des plus inattendues.

À peine remonté de quelques brasses, il échappe sa lampe en essayant de détacher sa ceinture de plombs. Affolé, il serre la main droite pour éviter de perdre la lune d'or. Ses poumons brûlent, sa tête va éclater. Dans un dernier coup de pinceau lumineux de sa lampe qui tombe en vrille sous lui, il croit apercevoir une forme humaine, avec de longs cheveux noirs. Une main tendue vers lui. Une main de femme. Ensuite, dans le noir, quelque chose ou quelqu'un lui arrache son trésor.

Au bout d'un moment d'obscurité, Paulo n'éprouve plus aucune douleur ni aucune panique. Et aussi soudainement qu'elle est disparue, la trace du trésor qu'il convoite réapparaît. À dix ou quinze pieds de lui, un scintillement bref lui fait signe, comme un phare dans la nuit liquide. Là, sur le fond du lac, où il a posé les pieds, il se met à courir vers le scintillement intermittent. Rapidement il se rend assez près de l'objet brillant qu'il convoite pour entrevoir, à la lueur du bijou qu'on lui a volé, la silhouette noire d'une femme aux longs cheveux. Dans le rayonnement cuivré du bijou qui éclaire le beau visage de la jeune femme, il voit que ses yeux sont exactement de la même couleur de feu que la lune… que le bijou. « Hmm… pas laide », qu'il se dit, avant de se ressaisir et de continuer à la poursuivre jusqu'à la surface de l'eau.

Il émerge non pas à la surface du lac, mais dans un vieil hôtel. Vieux comme quelque chose qui ressemble à l'époque de son grand-père. Une photo en noir et blanc derrière le grand comptoir attire son attention. Sur la photo, un hôtel ainsi qu'un jeune homme et sa jeune femme vêtus de leurs habits du dimanche et de leur fierté de propriétaires. Il se dit : « Ça doit être à eux-autres, l'hôtel » en lisant les lettres blanches dans le coin inférieur droit : Lake Huron Hotel, 1931. Une odeur de brûlé l'attire vers la porte au fond de la salle. Il aboutit dans la cuisine où il aperçoit sa voleuse, penchée sur la cuisinière au gaz, en train de brasser doucement quelque chose dans un chaudron. Elle ne semble plus avoir envie de se sauver. Mais elle n'a plus le bijou. Il s'approche un peu. La belle inconnue sourit. Un petit sourire énigmatique de Mona Lisa. Ça intrigue notre homme plus que ça le rassure, mais il continue d'approcher. Après tout, ça le démange de savoir qu'est-ce qu'elle fait cuire. Rendu tout près d'elle, il ne peut s'empêcher de la reluquer encore avant de regarder dans le chaudron. Ses longs cheveux noirs comme la nuit ont un parfum céleste. Sauf qu'un coup d'œil dans le chaudron le fait sursauter. À sa grande stupéfaction, il s'aperçoit que sa belle étrangère est venue lui voler son croissant de lune jusqu'au fond du lac Huron juste pour le faire fondre.

Instinctivement, il plonge sa main droite dans le chaudron brûlant. Sa main fond instantanément, se transforme en eau. Pire que ça, sa main d'eau étant encore attachée à son bras, il reste comme soudé au chaudron. Aussitôt, l'étrange fondeuse de bijoux jette un caillou dans le chaudron et de l'autre main elle saisit le bijou. Immédiatement la main de Paulo réapparaît dans le fond du chaudron chaud. Il se dépêche de la retirer, ouvre le poing et y trouve le caillou. Le rire de la femme lui fait lever les yeux. En la regardant, il remarque aussitôt que ses yeux couleur de cuivre sont passés au doré — comme le bijou, d'ailleurs. De plus en plus dépassé, il regarde à nouveau le caillou. Puis il entend la voix de la femme.

— *Gracias*.

Quand il lève les yeux, il ne subsiste d'elle que le sourire qu'elle avait dans la voix.

— Non! Attends! crie-t-il en levant la main.

Du coup, il échappe son caillou. Mais avant de toucher le sol, le caillou se transforme en oiseau doré. L'écho lui revient: «*Adios*». L'oiseau part en direction de l'écho. Il suit l'oiseau. Au même moment le chaudron explose sur la cuisinière à gaz et embrase l'hôtel au complet.

Dehors, encore le feu! Spanish est ravagée par les flammes. Chaque maison que son oiseau-guide survole devient un énorme bûcher. Épouvanté par le spectacle, il se met à souffler sur chaque maison qu'incendie l'oiseau. Tous les bâtiments sur lesquels il souffle deviennent d'énormes bulles d'eau bouillonnantes s'évaporant sous l'effet de la chaleur. Leur vapeur monte au ciel en colonnes de fumée qui retombe sous forme de neige. Mais les énormes flocons sont en fait des feuilles de calendrier. Elles portent toutes la même date: 23 mars 1902. Paulo n'essaie même plus de comprendre. Et là, dans les vestiges d'une maison brûlée et à demi recouverte de la neige de calendrier, ses yeux captent un scintillement. En s'approchant, il reconnaît l'objet qu'il convoite. C'est bien le bijou, mais il est recouvert de glace. Et plus de traces de la mystérieuse femme. En saisissant l'objet, il est envahi par un froid glacial en même temps que sa propre chaleur se transfère au bijou. Il reste là, gelé, à genoux, le bijou dans les mains. Au moment où même sa pensée va se glacer à tout jamais, la femme émane du bijou, là devant lui. Ses yeux ont encore pâli. Ils sont devenus gris-argent de clair de lune. Entre les mains de Paulo, le bijou est lui aussi devenu encore plus scintillant dans son nouveau lustre gris-argent. Il peut maintenant y lire l'inscription : Consuela Isabella Cortés de Luna. Avec un dernier sourire — triste, celui-là —, la belle se penche sur son visage et l'embrasse. Et le feu de ce baiser torride n'a pas fini de se transmettre à Paulo que la femme de feu part en fumée.

Maintenant, tous les conteurs de contes vous diront que c'est ici que s'est arrêtée la destinée de Paulo, l'homme de la mer venu se noyer pour un trésor de fond de lac, une nuit d'automne, à Spanish, Ontario. C'est qu'ils ne connaissent pas aussi bien que moi toutes les vertus du feu, surtout lorsqu'il est allumé par une étincelle dans le fond d'un regard langoureux. En fait, c'est comme si le baiser lui avait dégelé l'âme. En tout cas, c'est la conclusion à laquelle il est arrivé puisqu'il se met à flotter doucement dans les airs, s'élevant au-dessus de son propre corps. Peu après, sa tête perce un plafond transparent, exactement comme lorsqu'il remonte à la surface après une plongée. Sauf que cette fois, il émerge… sur un nuage. Un nuage qui forme un quai aérien menant à la lune immense qui a, elle aussi, retrouvé sa couleur habituelle. Assise sur le rebord de l'astre de la nuit, les pieds pendant juste au-dessus du nuage où il marche, la belle l'attend. Mais quelques pas infranchissables les séparent pourtant. Toutes choses étant revenues à leur place, l'eau et le feu ne peuvent plus se mélanger. Alors, avec les étoiles pour témoins, la belle donne à Paulo son bijou, comme une promesse. Celle de lui rendre visite à la prochaine lune de feu.

Aussitôt, tout disparaît! Et il est emporté dans une chute vertigineuse. Heureusement, le lac Huron s'en est mêlé. Se sentant sans doute concerné par toute cette histoire, qui après tout s'était ourdie dans le creux de ses entrailles, le lac Huron a élevé ses plus hautes vagues à la rencontre du plongeur et l'a attrapé à mi-ciel pour amortir sa chute.

Finalement c'est comme ça qu'on l'a retrouvé, flottant à la dérive sur le lac, le bras droit tendu vers le haut, le poing fermé comme une huître qui cache jalousement sa plus belle perle. Mais c'est seulement après un mois — d'une pleine lune à l'autre — que Paulo a vraiment refait surface. Son réveil a suscité bien de l'émoi à l'hôpital. On lui a d'abord raconté qu'il avait été le sujet du coma le plus mouvementé de l'histoire de l'humanité. Ensuite, on lui a rendu le bijou qu'on avait fait expertiser pendant son coma. Il était typique de l'orfèvrerie espagnole du XVIIe siècle. Tout le monde en a conclu que, si le collier s'était retrouvé là près de la rive nord du lac Huron, c'était sans doute que la vieille histoire amérindienne était vraie. Que les Ojibwés auraient ramené d'une razzia dans le sud des États-Unis une femme espagnole qui aura transmis sa langue à sa descendance, puisqu'on a baptisé la ville et la rivière du nom de Spanish.

Par contre, pour Paulo, l'histoire était tout autre. Le collier de lune, c'était en fait l'incarnation d'une caresse furtive un soir d'automne quand la lune en feu s'est étendue sur le lac Huron. « Un rêve », qu'on lui a dit. « Un rêve de comateux. » Désormais, à chaque fois qu'il doute, Paulo prend dans sa main le croissant de lune sur son collier et chaque fois ses yeux s'arrêtent sur le premier mot qui y est gravé : Consuela. Consolation.

Richard J. Léger

Incitatif pédant : Spanish Fly

ANNIE-FRANCE BRAZEAU
Bonjour, ici Annie-France Brazeau. Vous écoutez *Incitatif pédant*.

On entend le thème musical de l'émission.

Nous recevons aujourd'hui Gregory Rotheingham, du ministère des Opérations improbables et des Études interminables.

GREGORY ROTHEINGHAM
Bonj...

ANNIE-FRANCE BRAZEAU
Gregory Rotheingham, auteur de rapports incontournables dans le monde du fonctionnariat, vous avez publié un rapport sur la communauté de Deux-Rivières, dans lequel vous suggérez à Deux-Rivières de se tourner vers la production d'émissions pour enfants. Vous avez intitulé votre rapport *Cinq moutons, quatre moineaux, trois marmottes, Deux-Rivières et une souris verte*.

Il va répondre. Elle enchaîne.

Vous êtes débrouillard, vous avez déjà organisé un lave-auto-bénéfice et, avec l'argent recueilli, vous avez fait laver votre auto.

Il va répondre. Elle enchaîne.

Vous avez écrit des chansons, surtout des ballades misogynes, dont votre plus grand succès qui s'appelle « La crème de toutes les filles, j'lui donne 35 % ».

Il va répondre. Elle enchaîne.

Vous appartenez à un ordre initiatique secret, dont les membres ne doivent révéler leur implication secrète sous aucun prétexte, sous peine de recevoir des châtiments corporels extrêmes…

GREGORY ROTHEINGHAM
sans réfléchir
C'est vrai !

ANNIE-FRANCE BRAZEAU
Et je pourrais continuer longtemps comme ça, mais je ne suis pas certaine qu'on ait envie d'en savoir plus. Gregory Rotheingham, bonjour.

GREGORY ROTHEINGHAM
Bonjour Annie-France.

ANNIE-FRANCE BRAZEAU
Gregory, vous venez nous présenter un tout nouveau rapport sur le développement économique du pittoresque village de Spanish, sur les rives du lac Huron.

GREGORY ROTHEINGHAM
Ben, sur « une » des rives.

ANNIE-FRANCE BRAZEAU
Oui… Et j'imagine que vous allez exploiter les beaux paysages, les abondantes ressources naturelles et la pêche miraculeuse.

GREGORY ROTHEINGHAM
Non, Annie-France. La prospérité de Spanish est liée à sa gastronomie, à l'érotisme et, évidemment, à ses liens avec l'Espagne.

ANNIE-FRANCE BRAZEAU
Et comment s'intitule votre rapport ?

GREGORY ROTHEINGHAM
Liche et relish pour s'mettre riche à Spanish.

ANNIE-FRANCE BRAZEAU
C'est presque sensuel. Mais l'idée de faire de Spanish l'Espagne d'Amérique est excellente. Le métissage culturel, c'est tellement tendance. J'imagine qu'on pourra désormais manger de la paella et boire une bonne sangria à Spanish.

GREGORY ROTHEINGHAM
Pas tout à fait, Annie-France. Voyez-vous, notre stratégie est d'inspiration espagnole, mais à l'accent local.

ANNIE-FRANCE BRAZEAU
Non, non, Gregory. Vous voulez dire :

avec un accent espagnol

« notré stratégie est d'innspirationne espagnole, mais

avec un accent populaire

à l'ac-chant lôcal ».

Gregory Rotheingham
Une question Annie-France : une paella, c'est quoi au juste ?

Annie-France Brazeau
Du riz avec des fruits de mer.

Gregory Rotheingham
Ah, pas à Spanish ! Ici, à Spanish, ça devient du riz frit avec de la barbotte.

Annie-France Brazeau
Ah, vous transposez les recettes espagnoles pour les adapter au Nord de l'Ontario.

Gregory Rotheingham
Exactement !

Annie-France Brazeau
Votre recette de paella est très réussie. Quoi de plus nord-ontarien…

Gregory Rotheingham
Que la barbotte !

Annie-France Brazeau
Non, que la friture !

Gregory Rotheingham
Une autre question Annie-France : la sangria, qu'est-ce que c'est ?

Annie-France Brazeau
Du vin rouge avec des fruits.

Gregory Rotheingham
Ben, imaginez qu'à Spanish, ce sera un pichet de bière avec des bleuets et des framboises sauvages qu'on écrase dedans.

ANNIE-FRANCE BRAZEAU
Vous croyez vraiment que les gens vont adopter ces créations gastronomiques, Gregory Rotheingham ?

GREGORY ROTHEINGHAM
Certainement, parce que, en plus de bien manger, ils vont pouvoir s'amuser grâce à une grande fiesta et une corrida en plein cœur de Spanish.

ANNIE-FRANCE BRAZEAU
Une corrida, voir un taureau se faire massacrer par un toréador, c'est pas un peu cruel comme attraction touristique ?

GREGORY ROTHEINGHAM
Non, non, non, Annie-France ! On va en faire une adaptation nord-ontarienne.

ANNIE-FRANCE BRAZEAU
Ah, je pense que je vous vois venir. Adaptation nord-ontarienne...

GREGORY ROTHEINGHAM
Annie-France, imaginez une belle grosse arène en plein air, des milliers de spectateurs scandant : « Olé ! Olé ! » Et sous les acclamations du public, le toréador fait son entrée, il enlève et secoue son manteau de chasse orange fluorescent : « Olé Olé ! »

ANNIE-FRANCE BRAZEAU
Très élégant ! Je l'imagine saluant la foule avec sa calotte de base-ball.

GREGORY ROTHEINGHAM
Il faut sentir la dignité du toréador se tenant à l'extrémité de l'arène quand, tout à coup, entre un beau gros *buck* avec un panache de 60 pouces. Le

toréador le regarde droit dans les yeux et lâche le *call* de la femelle.

> *Il imite le cri de l'orignal appelant une femelle.*

L'orignal gratte le sol et fonce! Olé Olé!

ANNIE-FRANCE BRAZEAU
Stupéfiant! Et, en plus, allez-vous installer un orignal en bronze à l'entrée du village?

GREGORY ROTHEINGHAM
Mais non, ça déjà été fait à Smooth Rock Falls et à Hearst. Nous, notre mascotte, ça va être une grosse mouche, symbole de l'amour et de la passion.

ANNIE-FRANCE BRAZEAU
Une mouche?

GREGORY ROTHEINGHAM
Oui! La *Spanish Fly*! Spanish va devenir le paradis de l'amour et de la passion espagnole. On va construire une usine du plus puissant des aphrodisiaques naturels, le *Spanish Fly*.

ANNIE-FRANCE BRAZEAU
Le *Spanish Fly*? Les bras m'en tombent — mais seulement les bras, par exemple. Vous allez construire une usine pour un aphrodisiaque dont l'ingrédient de base est une mouche espagnole, complètement absente de la région?

GREGORY ROTHEINGHAM
Mouche espagnole, mouche espagnole, voyons, une mouche, c'est une mouche et, ici, à Spanish, de la mouche, on en a en masse! Vous connaissez sûrement les rouleaux de pellicules collantes qu'on utilise pour attraper les mouches dans nos maisons?

ANNIE-FRANCE BRAZEAU
Oui, je me suis déjà pris les cheveux dedans.

GREGORY ROTHEINGHAM
On installe des pellicules géantes partout dans le village. Quand la pellicule est pleine de mouches, on la laisse sécher au soleil. On broie ensuite mouches et pellicule assaisonnée pour en faire une fine poudre qu'on va mettre en comprimés qu'on vendra partout sur la planète. Vous savez, la population vieillit et, trop souvent, la passion aussi. Nous allons donc exploiter ce marché de baby-boomers avec mon slogan : « Pour remettre le "boom" dans baby-boom, on se ravitaille en *Spanish Fly*! »

ANNIE-FRANCE BRAZEAU
Aye, aye, aye ! Mais, dites-moi, avez-vous fait des tests cliniques, Gregory ?

GREGORY ROTHEINGHAM
À Elliot Lake, à moins d'une demi-heure d'ici, il y a une armée de retraités qui ne demandent qu'à raviver leur flamme d'antan. On y a testé notre produit et les résultats sont renversants.

ANNIE-FRANCE BRAZEAU
Que s'est-il donc passé ?

GREGORY ROTHEINGHAM
Des dames de plus de 50 ans se sont mises à poser nues pour un calendrier[1] !

---

[1] Authentique. Ce projet visait à amasser des fonds pour l'achat d'équipement hospitalier.

ANNIE-FRANCE BRAZEAU
Étonnant. La passion comme moteur de développement économique, c'est original. Où donc s'arrêteront toutes vos élucubrations libidineuses ?

GREGORY ROTHEINGHAM
Sur l'île Aird, dans l'archipel de la rivière Spanish, ce paradis terrestre qu'on croyait perdu à jamais.

ANNIE-FRANCE BRAZEAU
Le paradis perdu, vous l'avez donc retrouvé ?

GREGORY ROTHEINGHAM
Eh oui ! Et on va le transformer en terrain de camping naturiste. Le camping Adam et Ève, pour amoureux à la recherche de sensations fortes.

ANNIE-FRANCE BRAZEAU
Oh !

GREGORY ROTHEINGHAM
Vous savez que des pommiers sauvages poussent sur cette île ?

ANNIE-FRANCE BRAZEAU
Vraiment ?

GREGORY ROTHEINGHAM
Au pied de chaque pommier, les nudistes pourront planter leur tente. Ce sera comme un retour au Jardin d'Éden.

ANNIE-FRANCE BRAZEAU
Mais c'est fabuleusement romantique, Gregory. Un paradis terrestre : la pomme sans le serpent.

Gregory Rotheingham
Non, non, les serpents, on va les prendre à Serpent River, le village voisin. Les gens pourront même choisir leur serpent, parmi des serpents à sonnettes, des cobras ou des boas constrictors.

Annie-France Brazeau
Ouiiii... et les gens pourront même brûler les serpents.

Gregory Rotheingham
Hein ?

Annie-France Brazeau
Ça leur fera du « boa » de chauffage. Gregory Rotheingham, vous vous moquez de moi. Votre paradis terrestre, personne ne voudra s'en approcher !

Gregory Rotheingham
Au contraire, du camping nudiste évoquant le paradis perdu, les gens vont payer jusqu'à 800 $ pour une fin de semaine.

Annie-France Brazeau
Huit cents dollars pour un camping naturiste ? On n'est pas des tout-nus !

Gregory Rotheingham
Bah...

Annie-France Brazeau
Mais, dites-moi Gregory, vous allez uniquement miser sur l'attrait de l'Espagne et du paradis terrestre pour attirer des touristes ?

Gregory Rotheingham
Pas tout à fait, Annie-France. On va aussi miser sur le tourisme occulte. On a à Spanish une marmotte capable de prédire l'avenir.

ANNIE-FRANCE BRAZEAU
Ben là, Gregory Rotheingham, un peu de sérieux. Une marmotte qui prédit l'avenir! Quoi d'autre? Un porc-épic acuponcteur?

GREGORY ROTHEINGHAM
Annie-France, il y a une marmotte qui prédit l'avenir à Spanish. Elle vivait à Ottawa jusqu'à ce qu'elle se fasse écraser par un autobus de Greenpeace.

ANNIE-FRANCE BRAZEAU
Écoutez Gregory. Si votre marmotte est capable de prédire l'avenir, comment ça se fait qu'elle ne savait pas qu'un autobus s'en venait?

GREGORY ROTHEINGHAM
Annie-France, vous êtes de mauvaise foi! La marmotte a commencé à prédire l'avenir seulement après sa mort.

ANNIE-FRANCE BRAZEAU
De mauvaise foi? Parce que je ne crois pas qu'une marmotte morte,

elle trébuche deux fois sur ces mots

bon, qu'un siffleux trépassé puisse prédire l'avenir, je suis de mauvaise foi?

GREGORY ROTHEINGHAM
Parfaitement! Spanish Joe…

ANNIE-FRANCE BRAZEAU
Spanish Joe?

GREGORY ROTHEINGHAM
C'est son nom! Bref, la marmotte marmonne ses visions à son maître, Rick Story, qui les transmet ensuite à l'humanité[2].

ANNIE-FRANCE BRAZEAU
Ah là, je comprends! Spanish Joe a rencontré un docteur Dolittle qui parle le langage de la marmotte. Tout s'explique!

On entend une voix à l'accent espagnol appeler Gregory.

GREGORY ROTHEINGHAM
Annie-France, je l'entends.

ANNIE-FRANCE BRAZEAU
Qui ça?

GREGORY ROTHEINGHAM
C'est Spanish Joe. Il me «télépathise» un message. La transe m'envahit. Il veut communiquer.

ANNIE-FRANCE BRAZEAU
J'ai toujours su que vous aviez des voix dans la tête!

GREGORY ROTHEINGHAM
Non! Spanish Joe me chuchote quelque chose… C'est en espagnol.

ANNIE-FRANCE BRAZEAU
Attendez! Moi aussi, j'entre en communication! Ah non! C'est un mauvais numéro.

---

[2] Cette histoire paraît abracadabrante, mais Gregory Rotheingham ne l'a pas inventée: le jour de la marmotte, les prédictions de Spanish Joe sont même rapportés par certains médias nord-ontariens.

Petite fuite amoureuse

Il descendait au lac, déboutonnait sa chemise
S'étendait sur un quai, se livrait à la brise
Qui calmait dans son cœur le si puissant émoi
Que lui avait donné l'été de deux mille trois

Elle n'y allait pas autant qu'elle voulait
Jusqu'à la marina où son chum l'attendait
Sur le sofa son père surveillait ses sauvettes
Irait-il se coucher finalement, tabarouette?

Au bord de l'eau
Au bord de l'eau
On peut voir l'horizon
On respire
Et c'est beau

En ces soirées chanceuses où le père dormait tôt
Elle prenait le chemin qui mène au bord de l'eau
Sur sa bicyclette rouge, dans sa jupe d'été
Ses humeurs mélangées, mi-angoisse, mi-gaieté

Elle traversait en flèche, sans le moindre coup d'œil
Ce village sans vie, sans lumière, comme en deuil
Elle savait que l'amour et l'avenir se joindraient
Loin d'ici, à la ville, pas ici, en forêt

Au bord de l'eau
Au bord de l'eau
On peut voir l'horizon
On respire
Et c'est beau

Il l'a vue s'approcher comme une voile vers un port
Il voulait l'emporter tellement plus loin encore
Ils sont partis depuis, comme ils l'avaient promis
Jeune amour, petit village, ne font pas bon ménage

Au bord de l'eau
Au bord de l'eau
On peut voir l'horizon
On respire
Et c'est beau

Salut Sturgeon Falls!

Nipissing-Ouest compte environ 13 000 habitants et 6 000 de ces habitants vivent à Sturgeon Falls. Au contraire de la tendance nord-ontarienne, le dépeuplement est ici moins prononcé qu'ailleurs. La présence française, elle, est bien prononcée. En ville, comme dans les environs, les trois quarts des habitants sont Canadiens français. Et franchement, ça devrait se savoir. Car, dans le passé, les Esturgeois ont montré à tout le pays comment se tenir debout pour le français en Ontario. Il y a eu non pas une, mais deux crises scolaires à Sturgeon Falls.

La plus récente, on s'en souvient bien. Dans les années soixante-dix, des Esturgeois résolus ont dû troubler la paix et braver les fanatiques pour amener les autorités scolaires locales à respecter la loi scolaire provinciale. C'est au prix de tels efforts que la communauté a pu obtenir l'école secondaire française Franco-Cité. Mais la première crise scolaire esturgeoise, on la rappelle moins souvent. Pourtant, c'est celle des deux qui éclaire mieux le présent. Vers 1910, les habitants anglophones et francophones de Sturgeon Falls avaient aidé à relever de la faillite l'usine de pâte et papier, en y investissant des fonds municipaux. (Ça préparait un déjà-vu, oui je sais!) Malgré cet élan de solidarité entre les deux communautés linguistiques, la Sturgeon Falls Pulp Company a hautainement décidé qu'elle ne verserait pas ses taxes municipales à la grande école séparée française, seulement à la petite école publique anglaise. Les Esturgeois ont protesté, dénonçant cette injustice. Ils ont reçu pour réponse une pluie de critiques orangistes à la une de tous les grands journaux de l'Ontario : le *Globe*, le *Daily News*, le *Telegram*, le *Mercury*… Il a fallu des personnes de la trempe de Zotique Mageau, tour à tour maire et député provincial, pour manœuvrer au parlement ontarien et négocier localement de manière à gagner un compromis injuste, mais qui évitait le pire. En 1928, l'Abitibi Power and Paper a racheté l'usine. Eh bien, eux aussi ont aussitôt fait le même coup. Décidément, cette grosse usine n'a pas toujours été la plus respectable des voisines.

À l'automne 2004, l'usine qui était passée aux mains de Weyerhauser est disparue. Malgré des tentatives de rachat et sans grand énervement des gouvernements, la compagnie a démoli une usine rentable. Une stratégie corporative exigeait ce sacrifice de Sturgeon Falls. Les affaires sont les affaires. Puisqu'on ne peut pas dire mieux, on ne dira pas adieu. On dira bon débarras. Le véritable esprit de Sturgeon Falls est tout le contraire de cette attitude déplorable. Certainement, le village survivra au départ de son usine. « Sans faute », c'est la devise officielle de la ville.

Jadis, le grand cœur communautaire qui bat toujours à Sturgeon Falls s'est incarné dans un homme qui avait le physique de l'emploi, un homme plus gros que nature. Il pesait, à ce qu'on dit, au moins trois cents livres. Il a été vicaire de la paroisse Sacré-Cœur à partir des années quarante jusqu'aux années soixante. Mais il a été surtout une institution ambulante. Il s'appelait Joseph

Eugène Marchand. On l'appelait respectueusement « le gros père Marchand ».

On l'a apprécié, ça j'en suis sûr. Car dans ma petite enquête, la première réponse que tous m'ont donnée a été un rire sympathique et nostalgique. Mais avant de faire son portrait, une mise en garde : notre homme a dit des choses qui dans la bouche d'un autre seraient moins bien acceptées. Je vais pourtant devoir les répéter. Car c'est dans ses blagues au goût douteux qu'est le paradoxe du personnage. Fermez les yeux et imaginez un gros monsieur qui est parfois un peu grossier et un peu malpropre, mais qui est toujours très aimé de tous. Puis là, mettez-lui un col romain !

L'imposante présence du père Marchand était en soi un enseignement spirituel. Son humour enseignait mieux qu'un sermon la tolérance et la générosité. Ces vertus ne viennent qu'aux humbles. Elles appartiennent à ceux qui ne se prennent pas trop au sérieux.

Joseph Marchand

Le gros père Marchand, on l'appelait *Half-Tonne*. On l'appelait *Five-by-Five* : cinq pieds de haut, cinq pieds de large. Il était gros, mais il ne s'en faisait pas pour ça. Au cinéma Odéon, le propriétaire lui avait fait une place spéciale, parce qu'un fauteuil ordinaire n'aurait jamais fait l'affaire. Il mangeait son popcorn, buvait son Coke et passait ses commentaires. Il avait beau faire noir, on savait qu'il était là. Dans le noir du confessionnal aussi, on savait qu'il y était. Aux enfants qui avouaient un petit péché, il répondait d'une voix tonitruante que toute l'église entendait : « T'as pas fait ça toi ! » Tu sortais de là rouge comme une tomate. Il n'épargnait pas les adultes non plus. Une fois, un homme s'est confessé d'avoir conté des blagues salées. Le père Marchand a répondu : « Pas celles que je t'ai contées au moins ? »

Mais pour le voir dans la lumière du jour, coiffé de son chapeau de paille blanc et débordant de sa chaise, il suffisait de passer par la pharmacie Maranda. C'est là qu'il trônait tous les avant-midi, en empestant la place de ses cigares Punch et en apostrophant les clients. L'été sa chaise était sur le trottoir. Une fois, un jeune homme passait avec son bébé qui pleurait. Le père Marchand l'a taquiné en disant : « Tu as eu ton *fun* ? Paie pour à c't'heure ! » L'hiver, sa chaise était à l'intérieur, près du comptoir. Là, on a pu le voir décacheter ses cartes de Noël et tonner « Espèce de *cheap* ! » si elle ne contenait pas de billets de banque.

Quand le hasard amenait un touriste américain, il était content, car il était d'origine franco-américaine. Certains étés, il a loué pour tout un mois le taxi de Gustave Leblanc, qui le conduisait jusqu'à Boston, où il visitait sa sœur et allait à l'opéra. Ses fameux cigares Punch, il en a tant fumé qu'un jour le représentant lui en a offert une boîte de cent, en guise d'hommage à un *gros* client.

Quand il n'était pas à la pharmacie, il était là où il y avait du monde : aux tournois sportifs, aux noces, aux banquets. Une fois, dans une noce, c'était une demoiselle Maisonneuve qui prenait époux. Le père Marchand a pris la parole pour dire : « Regardez-moi ce garçon chanceux. C'est rare, un nouveau marié qui prend possession d'une maison neuve ! » En vérité, le père Marchand ne l'a pas dit exactement comme ça. Sa formule était plus grivoise que la mienne. Je vous la laisse imaginer.

En tout cas, c'était un rare prêtre qui ne se gênait pas d'entrer à l'hôtel. Bien sûr, il était secrétaire du club Kinsmen, ça lui donnait un prétexte. Il a aussi été un si bon Chevalier de Colomb qu'en 1962, ceux-ci ont honoré son dévouement. Quand même, on voyait le gros père Marchand bien moins souvent assis dans l'hôtel que debout dans l'église devant l'autel. Pour dire la messe, il avait sa manière à lui qui était sans longueurs. Trop gros pour faire ses génuflexions, il se contentait de tourner un peu le pied et de plier un peu le genou. Son sermon commençait par une phrase en latin, selon la coutume de l'époque. Mais la suite déboulait si vite qu'on aurait cru à... du latin! Il avait une entente avec Charley Goudreau, le maître de chant dans le jubé, qui levait son bras en montrant sa montre après huit minutes. Là, le père Marchand bouclait son sermon en laissant son idée en suspens. À la communion, il pouvait bien vous dire très fort, faussement impatient: «Envoye, sors-la, ta langue!»

C'était encore l'époque de la viande interdite le vendredi. Mais pour ça, il n'était pas de son époque. Ce n'était vraiment pas son genre de religion. Il n'était pas curé, mais simple vicaire et ça devait bien faire son affaire, parce qu'en fait d'administrateur, on en a vu des meilleurs. Il avait été curé à Blind River. Là-bas, on se souvient de l'avoir vu payer ses dépenses avec des enveloppes de la quête sorties de sa poche de veston. Sa comptabilité n'était pas très serrée. On pourrait facilement imaginer que pour des raisons de décorum, on n'ait pas voulu du père Marchand comme prêtre. Mais si c'était arrivé, il y aurait eu à Sturgeon Falls quelques âmes sauvées en moins. Il y en a qui n'ont jamais vu le dedans d'un confessionnal, mais qui ont jasé de choses qui comptent en d'autres lieux appropriés, avec un homme qui n'allait pas les intimider.

Bien sûr, le gros père Marchand aimait son boire et son manger. Plus d'un enfant de chœur se souvient de s'être fait dire en pleine messe: «Verse, verse, c'est pas toi qui paie!» ou bien: «Mets-en, c'est pas de l'onguent!». Un petit magasin du coin se trouvait près de l'église. Plus d'un enfant de chœur s'est fait dire: «Vas-y me chercher un *cône* de crème à glace». Ou mieux encore: «Cours chez monsieur Maranda emprunter 20 $ pour moi». Une autre de ses plaisanteries était sa petite formule anglaise qui annonçait que les restes allaient finir dans son assiette. Il disait : « *If it's going to go to waste, it might as well go to mine.* »

Un avant-midi, un séminariste a visité la chambre du père Marchand. Celui-ci s'est versé un verre sans en offrir à son visiteur. C'était du whisky de marque Teacher's. « Faut que tu comprennes, que le père a expliqué, Teacher's ça veut dire que c'est pas pour des enfants d'école. » Une fois, le père Marchand mangeait un steak au restaurant, c'était chez Chink's ou chez St-Amand. Et le pauvre père s'est échappé… que voulez-vous, il a pété ! Dans le silence gêné de la tablée, qu'est-ce qu'il a dit en regardant son steak ? Il a dit : « Beugle tant que tu voudras, je vais te manger pareil ! »

Voilà le genre de souvenirs qu'a laissés le gros père Marchand : des plaisanteries que les aînés se racontent encore cinquante ans plus tard. Cet homme que la nature a éprouvé quant au physique l'a compensé par l'esprit comique. On dirait que parce qu'il devait s'accepter, il savait se faire accepter des autres, quelles que soient leur langue ou leurs croyances. Dans une ville où, par le passé, l'intolérance a nourri des injustices, son souvenir n'est pas d'un innocent symbolisme. C'est comme s'il y était pour y montrer que la paix du cœur vient à ceux qui savent vraiment être plus présents aux autres qu'à soi-même.

Son entourage le lui a parfois bien rendu. Un immense homme comme lui salissait vite ses vêtements, qui étaient durs à trouver et coûtaient bien plus cher qu'à l'ordinaire. Eh bien, ses amis se cotisaient pour lui acheter de temps en temps des habits neufs de *clergyman* faits sur mesure pour lui à Hamilton. On dit qu'ils étaient surdimensionnés de 60 % ! C'est le genre de faveur qu'on fait à un homme qu'on estime. Mais le paradoxe de cette estime mérite qu'on le médite. Comment un homme si gros pouvait-il être si habile à réduire le poids de vos problèmes ? Comment son humour populacier d'homme de la rue pouvait-il inspirer un respect particulier pour l'homme de l'Église ? En se moquant du savoir-vivre, il enseignait à vivre. C'est tout à l'honneur de Sturgeon Falls que cette communauté a si bien accepté et tant aimé ce gros homme pour qui l'entregent n'obligeait pas au raffinement, un homme pour qui la bonne humeur valait mieux que les bonnes apparences.

Le père Marchand a continué à plaisanter jusqu'après sa mort. Dans son testament, à l'endroit où la formule traditionnelle dit « *I leave all my wordly possessions* », lui a fait écrire : « *I leave all my worthless possessions.* » Mais au contraire de ce qu'il a écrit, le père Marchand a légué à sa communauté le bien le plus précieux. Les plus belles pages des livres d'histoire locale sont généralement consacrées aux bâtisseurs d'institutions. Or l'institution du père Marchand a été sa relation terre-à-terre avec sa communauté. Il a été comme la pincée de sel dans la soupe, comme le petit chocolat qu'on sort quand la visite est là. Il a mis dans la vie un peu plus de couleur locale et de chaleur humaine. Il a pu faire tout ça parce qu'il a aimé son monde et leur petit coin du monde. Ce n'est pas innocent comme symbolisme ça non plus. C'est pour ça qu'il aura une page dans le petit livre d'histoire du *Salut de l'arrière-pays*. Sa grosse chaleur humaine a fait du bien dans le passé. Aujourd'hui je la rappelle, pour qu'elle inspire aussi l'avenir.

L'ÉTÉ QUI S'ÉTEND

Tu me dis qu'il fera beau, qu'il fera très beau demain
Que le printemps appelle, que je m'y glisserai enfin
Je prépare le canot, nous partirons très tôt
Sur le lac, dans le froid crépuscule du matin

Ici, dans le Nord, l'hiver prend tout son temps
Mais ma vie avec toi, c'est l'été qui s'étend

À quoi tient ce mystère, que t'aies voulu de moi
Toi qui chasses l'hiver, toi qui casses le froid
C'est en toi que je me vois avancer dans ma vie
Tu le sais, t'en réjouis, me regardes et souris

Ici, dans le Nord, l'hiver prend tout son temps
Mais ma vie avec toi, c'est l'été qui s'étend

Ton regard m'avait dit : je serai ton pays
Ses forêts, ses rivières, ses menaces, ses mystères
Ta nature est en moi, tu es mon point de repère
Ma confiance est en toi, tu as vaincu l'hiver

Ici, dans le Nord, l'hiver prend tout son temps
Mais ma vie avec toi, c'est l'été qui s'étend

Avance

Excusez-moi, est-ce que je suis en retard ? J'étais au Ti Morton, à jaser avec les copains, et dans ce temps-là, on voit pas le temps passer...

Bon, fais-nous un petit conte, qu'ils m'ont dit. Les contes, ça commence généralement avec « Il était une fois ». Il y en a de toutes les sortes : les contes drôles, les contes héroïques, les contes d'aventure, les contes d'amour... Les contes grivois, aussi : ceux-là viennent de la France, je pense bien. Celui-ci, ben, je sais pas trop quelle sorte que c'est, vous me donnerez votre opinion tout à l'heure, si ça vous tente.

Bon. « Il était une fois », il y a très, très longtemps, dans un village loin, loin de Sturgeon Falls... disons, l'été passé, au lac des Cèdres — OK, j'ai menti pour « il y a très, très longtemps » et pour le village, faut qu'il y ait des menteries dans les contes, vous savez — il était une fois, donc, des copains qui se tenaient ensemble souvent, quasiment tout le temps. Ils s'appréciaient, dans le fond on pourrait dire qu'ils s'aimaient dur comme fer, même s'ils ne l'auraient jamais dit à haute voix. Voyez-vous, il y a des choses qui se disent pas, ou difficilement, puis pour les copains, les gestes comptent sans doute plus que les paroles. Non pas qu'ils aiment pas parler, jaser, rire aussi — rire souvent!

Début de l'été, il fait beau, l'hiver est comme un lointain souvenir d'enfance, quelque chose qui ne se répéterait plus jamais. Les copains organisent une petite partie de pêche, pis partent. Ils arrêtent presque tout de suite : ça leur prend des frites. Comme d'habitude, il y en a deux qui les prennent au P'tit Riv, les deux autres chez Larry's. Finalement ils ne partent pas si tôt que ça... Et en montant au lac, de chaque côté de la route, les feuilles sont de ce vert encore tendre et plein de promesses, alors que celui plus profond des conifères rappelle le drapeau franco-ontarien.

Le Grand, ainsi nommé parce qu'il mesure à peu près cinq pieds dix-huit pouces, dit : « Parlant du drapeau franco-ontarien, ça me fait penser à la crise d'octobre. »

Yvan lui dit : « Ça fait aucune espèce de bon sens. De quoi tu parles ? »

Yvan n'est pas aussi grand que Le Grand — forcément —, mais c'est un grand solide pareil. Quand ils jouaient encore au basket, Yvan pouvait tenir le ballon d'une seule main — Le Grand, lui, tenait le panier ! — puis quand Yvan travaille avec ses deux mains, c'est le genre capable : réparer un moteur, monter une maison, il peut tout faire. Un gars en or.

Margot — ah, Margot! — Margot dit : « Le Grand fait toujours du sens... à sa façon. Il doit être dans ses souvenirs. »

Margot est ben fine, ben belle, souriante, intelligente, indépendante. Il y a beaucoup de gars autour qui ont essayé de la dompter, dans le temps, mais c'était aussi difficile que de faire marcher des poules en file indienne. Puis à chaque fois qu'un gars se faisait brave avec elle

— ou tendre, ce qui arrivait moins souvent —, elle le regardait droit dans les yeux avec ses beaux grands yeux gris à elle, et lui disait, doucement : « Je sais pas ce que je ferais sans toi, mais j'aimerais essayer. » C'était jamais cruel ou méchant, puis elle était toujours une amie fidèle ; les gars comprenaient à la longue. Une fille... moderne, on peut dire.

« Je poigne pas », dit Avance.

C'est de famille, ça. Avance, de son vrai nom Jean-Pierre, comme son grand-père, un bûcheron et personnage haut en couleur venu ici de l'Abitibi pour faire de la terre en Ontario. C'était un homme fort, vraiment fort, qui avait un cheval, un gros percheron, qu'il appelait Hercule. Mais il avait de la misère avec, disait-il, lui qui avait du cœur au ventre, qui était travaillant pas à peu près, mais qui avait peu d'expérience comme cultivateur. « Je dessouchais, disait-il à qui voulait l'entendre, puis je lui fais "Avance, Hercule" ! Et ce maudit cheval-là fait un pas en avant, puis un pas en arrière, pis il bouge pus, bonyeu, il comprend rien ! » Et son auditoire s'esclaffe.

Il y en a toujours ben un qui fait, « As-tu remarqué s'il se grattait la tête ? ». *Anyway*, après ben du taquinage, le grand-père Jean-Pierre a fini par comprendre, pis le cheval aussi, après que son maître l'a rebaptisé... « Toé ».

Toujours est-il que le copain Jean-Pierre se fait appeler Avance depuis longtemps parce qu'il poigne une idée, « Ah, je vais faire ça » il dit, puis il commence à douter de lui-même, à se dire que c'est peut-être pas une bonne idée après tout, puis il branle dans le manche à n'en plus finir. Alors les copains ont fini par lui répéter « Avance, Hercule ». On l'a appelé Hercule un boutte, mais lui disait : « Je ne suis pas un cheval, voyons!». Pis Margot lui disait: «Mais tu te grattes la tête comme le cheval de ton grand-père!» Ça l'a froissé un peu — quand il l'a poignée —, alors on a fini par lui dire, quasiment tout le temps, «Avance, Jay Pee», puis à un moment donné on a commencé à l'appeler Avance, tout simplement, qui était comme plus positif. On ne voulait plus qu'il recule. Certains l'ont même anglicisé, pour l'appeler Vance, mais ça a pas poigné, surtout avec Jay Pee qui semblait pas comprendre l'astuce, et on a laissé tomber. Surtout que, dans le temps, il y avait déjà ben assez d'anglais autour, même trop, au dire de certains.

Bon, j'en étais où, là? Ah oui. Alors là, ils sont rendus au lac. Installés dans le bateau d'Yvan, ils s'en vont taquiner le doré.

— Vous êtes *slows*, ben petits, pis vous avez les yeux ben *weirds*», dit Le Grand.

— De quoi tu parles encore?, demande Yvan.

— Je taquine le doré, répond Le Grand.

— Je poigne pas, lance Avance, comme d'habitude

— Pas grave, dit Margot, elle n'était pas si drôle que ça.

Mais à force de les taquiner, on finit par les trouver, puis par en prendre, et Avance, qui n'est pas le meilleur pêcheur de la gang, en rentre un beau de cinq livres, et Le Grand dit: «C'était le mien, ça!». Et tous de rire, sauf Avance, qui poigne pas. «Une chance que tu poignes du poisson, au moins», dit Margot, tout en sourire. Et à force de prendre du poisson sous le soleil, on finit par avoir soif et faim. Ils mangent du bon doré frais, et du riz, parce que Margot a dit: «Pas de patates deux fois aujourd'hui, OK?» et personne n'a voulu la contrarier, ça vaut pas la peine.

Confortablement installé, une petite bière à la main, Le Grand, grand philosophe à ses heures, s'étire et dit:

«Ouais, c'est ça qui est ça.» Pis là, sur le même ton, il fait: «Avance, comment s'appelait la petite fille de Verner que tu sortais avec dans ce temps-là?»

Avance était tellement fou d'elle que les copains l'avaient baptisée sa «maladie vernerienne».

— Oh, ben là... fait Avance, scandalisé. Pis toi et ta Sainte-Charlotte?

— Comment on appelle les gens de Cache Bay? poursuit Le Grand, visiblement sur sa lancée.

Margot le sait très bien, car ils se content les mêmes farces plates à chaque partie de pêche depuis la première.

— Je sais pas, elle répond, les Invisibles?

— Puis les gens de Field? enchaîne Yvan, embarquant dans le jeu.

— Euh... les Champêtres? fait Le Grand.

— Je poigne pas, dit Avance.

— T'oublies, c'est tout, fait Margot.

— Un vieux de Lavigne?

— Un raisin sec!

— Un pacifiste anglophone de Warren?

— En chœur, la réponse: «Warren Peace!»

— Pis un résident de North Bay?

— Un sacram...

— Bon, ça va faire, dit Margot, c'est pus drôle.

— Bon, dit Yvan, les gens de Sturgeon d'abord?

— Ben, nous-autres, grands comme on est, pis pas juste moi là, répond Le Grand, je crois que les Esturgeons ça suffit, c'est des maudits grands poissons qui ont donné leur nom à la rivière et au village.

Là, le soleil commence à se coucher en prenant tout son temps. Le Grand s'étire de nouveau et dit:

— C'est comme je disais en montant ce matin.

Pour une fois, les trois autres sont synchronisés: ils se tournent vers lui en même temps et disent en chœur:

— *What* ?

— La crise d'octobre, la vraie, la nôtre, enchaîne Le Grand. 1971. Saint-Pierre de Porc-Épic! Y a toujours ben des *imites*!

— Ah non, pas encore! dit Yvan.

Vous savez comme moi, la loi provinciale était en place et toute. Pis la Nipissing Board of Ed., gros poisson qui avait avalé le Sturgeon Falls Board, avec 11 membres de North Bay pour nos trois crapets-soleils de Sturgeon, décide que non, on l'aura pas notre école. Mais notre monde était pas près de croire qu'eux autres savaient mieux que nous autres ce qui était bon pour nous autres. Les gens étaient écœurés de se faire écœurer. Oui, comme dit Le Grand, «il y a toujours ben des *imites*!»

— Tu parles, dit Margot.

Et cette décision, c'était en effet la limite: quatre jours après la décision, 90 % des élèves francos boycottaient les cours et manifestaient à l'extérieur de l'école avec leurs parents et des membres de la communauté. Ça prenait du courage pareil!

— Ouain, j'étais là, moi, dit Avance.

Monsieur V. avait fermé le magasin et dit à son employé, Avance, de l'accompagner. Jay Pee pensait qu'une école française, c'était une bonne chose, puis tout de suite après se demandait si ça valait la peine si ça allait déchirer la communauté. Mais il se faisait payer pareil, puis il en a appris de tout ce beau monde convaincu de la justesse de leur cause. Payé pour apprendre...

— C'est un petit peu la faute à Yvan aussi, dit Le Grand.

Dans ce temps-là, les élèves étaient vraiment embarqués, chauffés à bloc. Ils arrivaient pas à dormir, alors ils se ramassaient ensemble chez l'un ou l'autre, les parents les laissaient faire, les encourageaient même. Ça fait que, des fois, ils finissaient par s'endormir en classe, quand ils allaient encore en classe. À un moment donné, Yvan — ben, « Monsieur », comme ils appelaient le nouvel enseignant — aurait dit comme ça : « Vous me dormez en pleine face, vous feriez mieux d'aller vous coucher dans le corridor, c'est plus confortable et il y a plus de place. » Et là, la petite sœur de Margot regarde Le Grand d'un air espiègle...

Alors quand le Directeur de l'Éducation — le grand fromage — a fini par daigner venir, pensant tout régler par sa seule et unique éminente présence, il a eu plus de misère qu'il escomptait. Pensez-y comme il faut : il y avait dans ces années-là bien des *love-in*, puis John Lennon et Yoko Ono ont fait leur *bed-in* pour la paix à Montréal. Alors, les élèves ont fait un *sleep-in* — comme ça ils pouvaient protester tout en se reposant un peu. Monsieur Fromage a dû enjamber une bonne centaine de jeunes corps franco-ontariens pour arriver jusqu'au bout du corridor. Comme acte de résistance non violente, c'était vraiment pas pire. Imaginez si Ghandi était venu à Sturgeon, sûrement qu'il l'aurait trouvé bonne. Puis quand le niaiseux de romancier de Montréal, bien des années plus tard, a dit que les Franco-Ontariens étaient « des cadavres encore chauds », les copains ont bien ri, pensant à cette belle gang de jeunes, pas du tout morts pour la cause! Pas endormis non plus, je vous le dis! Mais oui, « encore chauds », ben chauds et ben vivants!

— Ouais, enchaîne Margot. Ma petite sœur m'a dit que le bonhomme leur criait « *Get up! Get up!* ».

Combien de fois a-t-elle déjà été contée celle-là? Il était juste devant elle. Alors, du plancher, elle le regarde avec un sourire malicieux et lui dit « Nos mamans nous réveillent EN FRANÇAIS, *Mister Cheese.* » Puis lui, choqué, de répondre, du haut de sa hauteur, « *My name is not Cheese.* » Puis la petite sœur, du tac au tac : « On le saurait pas à sentir vos pieds. » Des fois, Margot fait dire plutôt à sa petite sœur à ce moment-là : « *Maybe not, but it's soon going to be Mud.* »

Oui, à bien des niveaux, c'était un moment extraordinaire. Les gens commençaient à comprendre qu'ils avaient du pouvoir, il fallait seulement apprendre comment s'en servir, tenir bon, tous ensemble. J'ai commencé à le comprendre aussi.

— Et tu donnais pas ta place, toi, dit Yvan en faisant un clin d'œil à Margot.

Et bien sûr, il parle de la fameuse réunion du personnel. Un petit air bête du Nipissing Board est venu dire qu'il était interdit que les enseignants prennent position parce qu'ils étaient des employés du Conseil. Et Margot, toute souriante — c'est de famille — de dire : « Employés ou pas, on veut notre école, et on va l'avoir. C'est pas parce qu'on est capable de parler anglais qu'on aura pas une école française. *We're bilingual, it makes us twice as wise. You should try it, you've really got nothing to lose.* » L'air bête a regardé Margot bouche bée, puis Margot est repartie de plus belle : « Avez-vous lu *Alice in Wonderland* au moins ? », et prend tout son temps, avant de lancer « *Off with his head!* »

Ah ben là ! Entre les fous rires et les cris et le grand branle-bas de combat, le gars finit par battre en retraite, au son de Margot qui ajoute, comme ça : « Il doit pas lire beaucoup, lui. »

— Vous savez, je n'ai jamais osé le dire, mais j'avais vraiment peur de perdre mon poste, dit Yvan. J'admirais tellement ton courage, Margot.

— Je pense pas que j'en avais tant que ça, dans le fond. Mais la communauté était une vraie inspiration, les jeunes comme ma petite sœur, les parents, les gens comme Monsieur V., ils y croyaient dur comme fer. Il fallait avoir l'air courageux.

— J'étais pas trop sûr quoi en penser, dit Avance. Mais Monsieur V. m'en parlait d'une façon bien tranquille et bien convaincante. Je pense bien qu'il m'a donné la confiance de prendre position pour la première fois de ma vie.

Le Grand grandissait tellement vite, à ce moment-là, qu'il faisait quasiment rien d'autre que manger, jouer au basket, et dormir en classe. Il dit: «Moi, ça me dérangeait pas de m'allonger dans le corridor.» Puis il s'étire encore une fois — quand Le Grand s'étire, il s'étire longtemps — et dit ce que tous savent qu'il va dire: «Ouais, c'est ça qui est ça.»

Et voilà comment les copains ont passé cette partie de pêche là, à rire beaucoup, comme d'habitude. Ils avaient assisté aux funérailles de Monsieur V. le matin même, avant de monter au lac. Ils avaient tous perdu un ami, une espèce d'ange gardien — surtout Avance — et c'est sûrement la grande émotion qu'ils éprouvaient qui a fait brasser la cage de leurs souvenirs.

Ben là, faut que je parte. Je vais retourner au Ti Morton retrouver les copains, pis je vais prendre un gros Morton — triple triple! —, on fait pas les choses en petit ici. Je vais retrouver Le Grand, et Yvan, et Margot. On va rire un peu.

By the way, un jour, après bien des hésitations, j'ai fini par dire à Margot ce que je voulais lui dire depuis longtemps. C'était justement lors d'une partie de pêche, après notre «crise d'octobre», en se promenant un peu sur le bord du lac, après le souper. J'avais finalement osé me confier à Monsieur V., puis il m'a encouragé à suivre mon cœur. Et Margot m'a répondu, comme je le craignais, avec son drôle de sourire : « Jay Pee, je sais pas ce que je ferais sans toi, mais j'aimerais essayer ».

Mais devinez quoi? Elle a jamais essayé! Et on est ensemble depuis. Et maudit qu'elle est toujours aussi fine, belle, souriante, intelligente, et d'esprit indépendant. Même plus qu'avant. Et toujours un des copains, même si elle serait plutôt... ma copine. Voyez-vous, moi, Jay Pee, j'ai fini par... avancer. Et c'est beaucoup grâce à Monsieur V., aux gens de Sturgeon, aux copains, et à Margot. « Avance, Jay Pee, avance », qu'ils me disaient...

Là, mon conte est fini. Excusez-le.

Robert Dickson

Incitatif pédant : Sturgeon Falls, la ville-lumière des pommes de terre

Annie-France Brazeau
Bonjour, ici Annie-France Brazeau, vous écoutez *Incitatif pédant*.

On entend le thème musical de l'émission.

Nous recevons aujourd'hui Gregory Rotheingham, auteur de rapports incontournables dans le monde du fonctionnariat. Vous avez notamment écrit *Liche et relish pour s'mettre riche à Spanish*. Vous avez également travaillé dans un cirque. Vous avaliez des couteaux de dix pouces, mais vous avez tout abandonné sous prétexte que ça vous coupait l'appétit.

Gregory glisse un papier à Annie-France.

Vous avez également une piscine hors terre à vendre, elle n'a presque pas servi, elle est comme neuve et vous êtes prêt à considérer toute offre sérieuse, veuillez contacter Gregory au 705-67... Voyons, qu'est-ce que c'est que ça?

Gregory Rotheingham
674-4...

ANNIE-FRANCE BRAZEAU
Et je pourrais continuer longtemps comme ça, Gregory Rotheingham, mais je pense que nous en savons déjà beaucoup trop sur vous ! Bonjour.

GREGORY ROTHEINGHAM
Bonjour, Annie-France.

ANNIE-FRANCE BRAZEAU
Gregory, vous venez nous présenter un tout nouveau rapport sur le développement économique de Sturgeon Falls.

GREGORY ROTHEINGHAM
Oui !

ANNIE-FRANCE BRAZEAU
Et j'imagine que vous allez détourner des autobus de touristes japonais de Niagara Falls pour leur faire visiter Sturgeon Falls.

GREGORY ROTHEINGHAM
L'idée est bonne, mais il n'y a plus de chutes, elles ont été noyées par le barrage électrique y a longtemps.

ANNIE-FRANCE BRAZEAU
Mais c'est une manie chez vous, il n'y avait pas de chutes à Iroquois Falls, pas d'Espagnols à Spanish, pas de raisins à Lavigne. « Sud-bury » est au nord et, là encore, pas de chutes à Sturgeon Falls. Gregory, est-ce que le Nord de l'Ontario s'est bâti sur de la fausse représentation ?

GREGORY ROTHEINGHAM
Non, le Nord de l'Ontario est quand même AU nord ET en Ontario, alors on ne peut pas parler de fausse représentation.

ANNIE-FRANCE BRAZEAU
Alors, si vous n'utilisez pas les chutes comme moteur de développement économique, sur quoi allez-vous miser, Gregory ?

GREGORY ROTHEINGHAM
Annie-France, à Sturgeon Falls, on ne mise pas. On a essayé, et le gouvernement a quasiment dit oui, mais ils ont dit : « *No casino.* ».

ANNIE-FRANCE BRAZEAU
Je gage que vous avez trouvé autre chose.

GREGORY ROTHEINGHAM
Je gage pas, mais j'ai trouvé le *jackpot*. On va se concentrer sur la chose qui a mis Sturgeon Falls sur la *mappe* : les cabanes à *chips*.

ANNIE-FRANCE BRAZEAU
Des *chips* ? Si je comprends bien, vous allez ouvrir des kiosques pour vendre des croustilles.

GREGORY ROTHEINGHAM
Pas des croustilles, Annie-France. Ici, ce qu'on appelle des *chips*, chez vous on appelle ça des patates frites !

ANNIE-FRANCE BRAZEAU
Ah bon, je comprends. Et comment avez-vous intitulé votre rapport ?

GREGORY ROTHEINGHAM
Imagine la cantine à poutine de Sturgeon.

ANNIE-FRANCE BRAZEAU
Hou, y a du travail là-dedans.

GREGORY ROTHEINGHAM
Absolument !

ANNIE-FRANCE BRAZEAU
Mais je vous avertis, Gregory, le marché de la frite est très compétitif : il y a les frites belges et les *New-York fries* et qui sont toutes deux très tendance. Pensez-vous pouvoir vous démarquer ?

GREGORY ROTHEINGHAM
Patate que oui, patate que non.

ANNIE-FRANCE BRAZEAU
Une autre comme ça et je vous embarque dans la friteuse. Ça va faire du Gregory frit.

GREGORY ROTHEINGHAM
Sérieusement, on est confiant. Voyez-vous, la Belgique et New-York ne se sont pas diversifiées, elles ont une seule sorte de *chip*. Nous, on devient le « Village global de la patate ». Nos cabanes à *chips* seront le reflet de toutes les tendances politiques et sociales.

ANNIE-FRANCE BRAZEAU
Des cabanes à frites politiques et sociales. Bravo Gregory, c'est la septième fois que vous venez à cette émission et vous réussissez toujours à faire pire.

GREGORY ROTHEINGHAM
Ben non, regardez, pour commencer, on va ouvrir une cabane qui va s'appeler *La reine de la patate*.

ANNIE-FRANCE BRAZEAU
J'vous arrête tout de suite, Gregory, *La reine de la patate*, y en a environ 382 au Québec. Votre concept n'est pas très original.

GREGORY ROTHEINGHAM
Attendez. Pour entrer chez *La reine de la patate* de Sturgeon, les clients passent sur un pont-levis, ils vont

avancer sur un tapis rouge et toutes les *french fries* sont coupées à la guillotine.

ANNIE-FRANCE BRAZEAU
Et j'imagine que les clients vont s'asseoir sur des trônes ?

GREGORY ROTHEINGHAM
Ah non, le trône, c'est comme partout ailleurs : une heure après le repas.

ANNIE-FRANCE BRAZEAU
Quel raffinement ! Mais vous n'avez pas peur que les clients antimonarchistes boycottent Sturgeon Falls ?

GREGORY ROTHEINGHAM
Non, parce qu'ils peuvent aller dans une autre cabane concept : *La république démocratique de la patate*.

ANNIE-FRANCE BRAZEAU
Une autre cabane, stupéfiant !

GREGORY ROTHEINGHAM
Ici, le spécial de la semaine est choisi démocratiquement par un vote des clients. Cette semaine, le spécial, c'est la poutine végétarienne.

ANNIE-FRANCE BRAZEAU
De la poutine végétarienne ?

GREGORY ROTHEINGHAM
Ben, oui… c'est de la salade César.

ANNIE-FRANCE BRAZEAU
Et j'imagine que de l'autre côté de la rue, il y aura une cabane à frite communiste.

GREGORY ROTHEINGHAM
Bien sûr! Les clients pourront vivre une authentique expérience communiste: on vous promet une file d'attente in-ter-mi-na-ble, et ici la cabane appartient aux employés prolétaires qui sont tous barbus, même les femmes.

ANNIE-FRANCE BRAZEAU
Enfin, un nouveau débouché pour les femmes à barbe.

GREGORY ROTHEINGHAM
Ici, on ne demande pas du ketchup, on crie: «Amenez-moi l'Armée rouge!»

ANNIE-FRANCE BRAZEAU
Hamburgers de tous les pays, unissez-vous!

GREGORY ROTHEINGHAM
Et pour terminer, on aura *La dictature de la patate*.

ANNIE-FRANCE BRAZEAU
Arrêtez, je me rends!

GREGORY ROTHEINGHAM
À l'entrée, il y aura une grosse statue de Saddam Hussein et, là, il n'y a pas de choix, la serveuse décide tout: «Toi, tu vas prendre deux hot-dogs au vinaigre extra moutarde. *Enwoye*, donne-moi 7 $.»

ANNIE-FRANCE BRAZEAU
Mais c'est monstrueux!

GREGORY ROTHEINGHAM
Non, c'est du marketing!

ANNIE-FRANCE BRAZEAU
Est-ce que vous avez d'autres projets?

Gregory Rotheingham
montrant un sachet de sauce

Ben oui. Vous savez c'est quoi, ça, Annie-France ?

Annie-France Brazeau
C'est un sachet de sauce BBQ en poudre.

Gregory Rotheingham
Ben, l'été, on va vider deux « 18 roues » de poudre dans la rivière Sturgeon. Les touristes vont pouvoir se baigner dans le *gravy* !

Annie-France Brazeau
Oui ! Qui n'a jamais rêvé de prendre la place d'une frite dans une poutine.

Gregory Rotheingham
dynamique

Exactement !

Annie-France Brazeau
Mais quelle sorte de drogue avez-vous consommée pour arriver avec ces plans de fous ?

Gregory Rotheingham
Non, non, pas des plans de fous, des plants de *pot*. C'est justement le dernier élément de notre stratégie de marketing : la marijuana !

Annie-France Brazeau
Arrêtez. Vous m'effrayez, Gregory. Si on vous laisse faire, Sturgeon Falls deviendra un véritable enfer.

Gregory Rotheingham
Au contraire, Annie-France, on va inviter tout le monde à se convertir à la nouvelle Église de l'Univers.

ANNIE-FRANCE BRAZEAU
L'Église de l'Univers? C'est quoi, les gens communient avec des étoiles?

GREGORY ROTHEINGHAM
Non, avec des joints.

ANNIE-FRANCE BRAZEAU
Quoi?

GREGORY ROTHEINGHAM
C'est une religion à Sturgeon Falls. Le révérend Michel Éthier intègre la marijuana dans ses messes et il les célébrera tous les jours à 11 h et à 16 h, juste avant l'heure du repas. Après la messe, les gens vont avoir faim pis ils vont se garrocher sur nos cabanes à *chips*[1].

ANNIE-FRANCE BRAZEAU
Machiavélique, Gregory! Mais, il n'y a pas assez de gens à Sturgeon Falls pour faire vivre tant de cabanes à frites. Vous aurez besoin de beaucoup de touristes et ils ne vont pas se déplacer uniquement pour vos « patates frites ».

GREGORY ROTHEINGHAM
Mais les touristes, on va les attirer avec le musée Sturgeon River House, une de nos fiertés locales.

ANNIE-FRANCE BRAZEAU
Ah oui, je l'ai visité. C'est très mignon, ce petit poste de traite. Très tendance pour les touristes européens.

---

[1] Le « révérend frère » Michel Éthier a défrayé les manchettes alors qu'il invoquait devant les tribunaux la Charte des droits et libertés pour contester une accusation de possession de marijuana, faisant valoir que sa consommation est un sacrement pratiqué dans l'Église de l'Univers dont il est membre.

Gregory Rotheingham
Ben justement, des Européens, des Américains, même des Africains viendront admirer les améliorations que j'ai apportées à notre musée.

Annie-France Brazeau
Ah quel dommage! C'était tellement beau. Enfin, dites-moi donc comment vous allez saboter le musée?

Gregory Rotheingham
On va informer les gens sur le rôle joué par les Amérindiens dans l'histoire des cabanes à *chips*. On va recréer le premier wigwam qui servait des *chips* aux voyageurs qui passaient sur la rivière. Et en plus des wigwams à frites, les Amérindiens ont inventé le ketchup.

Annie-France Brazeau
Ben voyons donc!

Gregory Rotheingham
C'est une recette ancestrale où on recueille de petites baies rouges qui poussent dans les marais près du musée. On les écrase pour en faire du ketchup.

Annie-France Brazeau
Ce que vous décrivez là, c'est pas du ketchup, c'est de la sauce aux atacas.

Gregory Rotheingham
Entéka.

Annie-France Brazeau
Personne va vouloir mettre ça sur ses frites et encore moins croire que c'est du ketchup amérindien.

Gregory Rotheingham
Vous l'avez dit, il y a juste les touristes qui vont venir, ils verront pas la différence! Et on va tellement les impressionner, parce que Sturgeon Falls c'est comme Paris, mais plus beau.

Annie-France Brazeau
Je ne veux pas dénigrer Sturgeon Falls, mais quand même, Paris, c'est la capitale de la mode, de la culture…

Gregory Rotheingham
Voyons, Annie-France, on a tout ça à Sturgeon : la « *mud* », on en a. On a même des *mud bogs*, et la culture, on a des cultures de soya, de canola pis de patates. Et à Paris, il y a un Moulin Rouge, ben, on en a un ici aussi.

Annie-France Brazeau
C'est rien de plus qu'un motel.

Gregory Rotheingham
en s'animant

À Paris, ils ont la rive gauche. Ici, le P'tit Riv est à gauche, puis Larry's est à droite. Nos deux cabanes à frites se font face. C'est nos Champs Élysées de la patate! Attendez de goûter la poutine bleu-blanc-rouge : fromage bleu, frites blanches, sauce au vin rouge! La cabane s'ouvre et on oublie le Louvre! Quand un visionnaire aura compris l'affaire, on fera de Sturgeon Falls la Ville lumière des pommes de terre! Notre réussite viendra des frites!

Annie-France Brazeau
J'entends déjà le chant des masses de touristes.

Elle chante.

« Allons enfants de la…

        Gregory Rotheingham
        se joignant à elle

…patate, la pomme de terre est arrivée ! »

Pour le moulin

Les esturgeons sont disparus
    Pour le moulin, pour le moulin
Plus de chutes sur la rivière non plus
    Pour le moulin, pour le moulin
Des forêts entières abattues
    Pour le moulin, pour le moulin
Ce qu'il lui fallait, ben il l'a eu

Mais regarde donc ça, son tour est venu
    À ce moulin, à ce moulin
Il ne sert plus, on n'y croit plus
    À ce moulin, à ce moulin
On le démolit, il est disparu
    À ce moulin, à ce moulin
On a donné son dernier dû

Dans une ville dont le nom
Est un paysage passé
On sait bien que toute chose
A sa durée limitée
Une époque s'est achevée

Ben une autre va succéder
Y en a plus de moulin dans 'a place?
Pas sûr qu'il faille qu'on le remplace!

Il a fallu dompter la nature
    Pour le moulin, pour le moulin
Se faire des muscles et de la couenne dure
    Pour le moulin, pour le moulin
On s'y faisait de bons copains
    Dans ce moulin, dans ce moulin
Et une bonne paie, ça c'est certain

Mais pour ça fallait endurer
    Que le gros moulin, que le gros moulin
Impose en ville ses volontés
    De gros moulin, de gros moulin
Arrange tout pour le bénéfice
    Du gros moulin, du gros moulin
Puis qu'à la fin il nous trahisse

Dans une ville qui porte le nom
De vieilles beautés sacrifiées
On se souviendra du prix
Que le pain nous a coûté
Que l'usine claire la place
Pour faire place à du meilleur
Si on ne sait pas quoi tout de suite
Attends, on le saura tout à l'heure

Les esturgeons sont disparus
    Pour le moulin, pour le moulin
Plus de chutes sur la rivière non plus
    Pour le moulin, pour le moulin

Des forêts entières abattues
        Pour le moulin, pour le moulin
Ce qu'il lui fallait, ben il l'a eu

Mais regarde donc ça, son tour est venu
        À ce moulin, à ce moulin
Il ne sert plus, on n'y croit plus
        À ce moulin, à ce moulin
Il est démoli, il est disparu
Sais-tu… je m'y fais mieux que j'aurais cru

Salut Fauquier!

À Fauquier, deux ponts haut perchés enjambent la rivière, côte à côte. Cette double silhouette témoigne de l'histoire des lieux : le chemin de fer et le chemin de terre ont ouvert la région à la colonisation et à l'industrie forestière. Une statue de marmotte vous souhaite la bienvenue dans ce village sur le bord de la rivière Groundhog.

Fauquier est une petite patrie canadienne-française du Nord de l'Ontario sur la route 11. Sept cents personnes habitent ici et plus de 90 % sont francophones. Véritable pépinière de talents, ce petit village a vu grandir plusieurs écrivains, chanteurs et artistes, Pierre Albert, Robert Poisson, Carmen Laberge, et bien sûr, le grand sculpteur Maurice Gaudreault, dont les figurines de glaise de renommée nationale ont immortalisé la vie rurale.

Un autre personnage de Fauquier, peu connu, mériterait une place dans l'histoire nord-ontarienne. Mieux encore, il mériterait d'entrer dans la légende, tellement ses exploits paraissent surhumains. Il a d'ailleurs inspiré Maurice Gaudreault, qui lui a donné les traits d'un petit bonhomme portant chemise à carreaux, sciotte au dos et hache à la main. Au dire de ceux qui l'ont connu, il a été le meilleur bûcheron que le Nord de l'Ontario ait jamais vu. Pourtant, on en a vu en masse et puis des bons.

Vous vous imaginez sans doute un géant à la Jos Montferrand, sept pieds trois, trois cents livres. Eh bien, la réalité fait mieux que l'imagination. Il était le parfait contraire! Imaginez au cœur de la forêt boréale des épinettes qui tombent à la bascule comme des rangées de dominos. Imaginez que ça se passe comme ça toujours, jour après jour. Maintenant, au pied d'un de ces grands arbres, imaginez un homme tout court, à peine plus de cinq pieds, un homme tout maigre, à peine 130 livres. Cette petite carrure appartenait à un travailleur plus grand que nature. Même son sobriquet évoquait sa fière allure. On l'appelait Bucko… Bucko Beauchamp.

« Bucko » Beauchamp

Au dire de ceux qui l'ont connu, Bucko Beauchamp n'était pas du genre à lancer des défis ou à relever des paris. Il n'aimait pas se vanter. Il savait travailler. Ça suffisait. On raconte pourtant qu'une fois, à l'âge de douze ans, le jeune Bucko qui travaillait avec son père lui aurait dit : « Je m'excuse, son père, mais tu sais pas bûcher. »

À 14 ans, comme beaucoup de garçons de sa génération, il avait déjà quitté l'école pour travailler dans le bois. Ceux qui l'ont vu faire disent que sa force n'était pas dans l'effort musculaire ; elle était dans son savoir-faire. Il fallait le voir aller pour comprendre. Il était vite comme un taon. Il était agile comme un suisse. Il était d'une efficacité mécanique. Il était un fonceur méthodique. Pas un de ses pas n'était perdu. Pas un de ses gestes n'était inutile. Il en était prodigieux. Pour bûcher, Bucko Beauchamp avait un don.

C'était dans les années quarante, dans le temps des *bucksaws*, avant les scies à chaîne et bien avant les immenses machines. Les bûcherons travaillaient dans ce qu'on appelle une *strip*, une bande boisée de 66 pieds que le contremaître leur assignait. En fin d'après-midi, vers quatre heures et demie, un homme ordinaire était fier d'avoir abattu, débité et empilé deux, parfois trois cordes de bois. Bucko Beauchamp lui, avait généralement quitté sa *strip* bien plus tôt, vers deux heures. Il avait bu son thé et mangé son sandwich tout en travaillant, sans s'arrêter. Et il laissait derrière lui au moins quatre, parfois cinq, ou même six cordes d'épinette bien empilées. Il en faisait deux fois plus que les autres en prenant deux heures de moins. Ce n'était pas exceptionnel, c'était habituel. Ceux qui ont essayé de le suivre ont pu parfois soutenir son rythme un jour ou deux, mais pas plus. Le petit Bucko Beauchamp valait trois gros bûcherons à lui tout seul. Quand il bûchait, il n'était plus le même homme.

On raconte qu'une fois, il était rentré au camp vers deux heures de l'après-midi, comme d'habitude. Un *foreman* lui demande : « Qu'est-ce que tu fais là à cette heure-ci ? C'est pas une maison de chambre icitte ! » C'était mal parti, pour trois raisons. Un : ce contremaître ne connaissait évidemment pas son homme. Deux : ça adonnait que ce jour-là, Bucko ressemblait à un petit gars de la ville perdu dans le bois. Après une longue soirée bien arrosée, il était entré au travail en portant son beau linge propre. Et trois : c'est que le pauvre Bucko bégayait. Alors si le petit homme drôlement habillé a répliqué quelque chose comme : « M-m-ma journée est faite. V-v-va mesurer mon bois p-p-pour voir », admettons que le *petit boss* n'a pas dû être impressionné. En tout cas, le contremaître l'a congédié cet après-midi-là. Mais il l'a regretté ce soir-là. « Pauvre toé, qu'on lui a dit. Tu viens de *clairer* le meilleur homme de la place. » On a demandé à Bucko de revenir. Bucko, lui, a juste demandé sa paie. Sans être vantard, il était quand même fier. Si on ne respectait pas sa réputation, il fallait respecter sa parole.

« Venez pas me tanner », qu'il disait en partant pour sa *strip* avec son thermos de thé. Mais certains, parfois, le cherchaient et le trouvaient. Une fois, deux gaillards vantards de Val Gagné nouvellement arrivés se sont moqués de lui. « On est là pour faire une piastre, nous autres », qu'ils ont dit en le regardant de haut. Eh bien, ces deux-là ont bientôt lâché le chantier en se plaignant que leurs longues journées leur donnaient de courtes paies. Bucko, lui, leur aurait dit : « C'est drôle, moi je bûche pourtant pas au fanal. »

Une autre fois, à ce qu'on raconte, c'est un gros bûcheron qu'on appelait l'Espagnol qui a lancé le défi :

— On verra qui aura vidé sa *strip* le premier.

— C-c-c-correct, je vais t'attendre, qu'il aurait répliqué, Bucko.

On se trouvait dans une forêt d'épinettes qui avaient de 15 à 20 pouces à la souche. Il fallait d'abord l'abattre, puis l'ébrancher à la scie et à la hache. Ensuite, un partenaire traînait les troncs à l'aide d'un cheval puis les débitait en billes. Enfin, on les empilait en cordes à environ vingt pieds d'intervalle. Une *strip* pouvait donner entre 40 et 80 cordes. Dans les bandes de bois voisines, c'était facile de suivre à l'œil le progrès de chacun. En tout cas, cette semaine-là, plusieurs ont pris le temps de s'approcher pour constater ce qui se passait. C'était un carnage ! Bucko était parti en peur. Il bûchait une corde à l'heure ! Les épinettes tombaient comme des soldats au front. Et ils tombaient exactement là où le général Beauchamp le voulait. Car il avait l'adresse et la stratégie pour aligner ce qu'il abattait. Bien entendu qu'au bout du compte, il avait fait le ménage dans son boisé bien avant l'autre. L'Espagnol en a perdu son latin.

Des anecdotes de ce genre-là ne sont pas nombreuses, cependant, dans les mémoires. Bucko n'était pas tellement porté à se faire valoir. On raconte quand même qu'une fois, vers la fin des années cinquante, Bucko a participé à un concours dans les environs de Thunder Bay. On était rendu maintenant à l'époque des scies à chaîne, des tronçonneuses. Curieusement, Bucko n'avait pas trop d'intérêt pour l'entretien des machines. Si ça chaîne cassait, au lieu de la réparer, il pouvait tout aussi bien arrêter là en se disant qu'il reprendrait son erre d'aller le lendemain. En tout cas, c'est justement ce qui est arrivé : en plein concours, sa chaîne a brisé. Un autre que lui aurait essayé de la remplacer au plus vite. Bucko, lui ? Eh bien, il a vu qu'il avait une grande avance sur les autres, et il a jugé qu'il gagnerait même s'il s'arrêtait là. Le pire c'est qu'il a presque eu raison. En fin de compte, il a fini deuxième. Puis qu'est-ce qu'il a dit de ça ? Il a dit : « Si j'avais su, je l'aurais peut-être changée, la chaîne ! »

Quand il n'était pas dans le bois, Bucko Beauchamp n'en parlait pas. Mais il gardait son tempérament de travailleur pressé. Si tu voyageais avec lui, il t'attendrait une fois peut-être, mais sûrement pas deux. Ça ne l'empêchait pas pourtant de payer très souvent la tournée à ses amis. Et par la nuit étoilée après ses soirées bien arrosées, il rentrait en chantant son air préféré : « C'est écrit dans le ciel… » Écrit dans le ciel, peut-être, mais ailleurs j'ai cherché en vain. Dans les chantiers où il a travaillé, de Smooth Rock Falls à Thunder Bay, on dit que son rendement remarquable était parfois affiché. Mais aucun article de journal ni livre d'histoire n'a rapporté ses performances phénoménales.

Bucko Beauchamp aurait dit un jour : « Moi, je fais tout vite. Je vis vite. Je travaille vite. Je vais mourir vite. » Pensait-il vraiment dire une parole prophétique ? En tout cas, il est mort jeune d'une manière trop familière. En 1963, à 38 ans, il a péri dans une collision frontale au pont de Gregoire's Mill. Sur sa pierre au cimetière de Fauquier, on voit sa photo. On apprend son prénom : Lucien. Et on lit l'inscription : « Parti, mais pas oublié ». C'est vrai sans doute pour sa famille, ses proches, ses anciens compagnons de travail qui m'en ont parlé. Mais il faudrait que ce soit vrai aussi dans la mémoire du Nord de l'Ontario.

Des milliers de travailleurs forestiers ont insufflé leur esprit à notre jeune pays qui a trop vite vieilli et qui s'essouffle déjà tant sa jeunesse s'en va. Il nous en faudrait des figures mythiques capables de symboliser leur esprit, pour léguer aux bâtisseurs de l'avenir la force des bâtisseurs du passé. Le cœur à l'ouvrage, la fierté du travail bien fait, le respect de la forêt boréale, voilà des qualités morales que nous garderons si nous gardons bien vivant le souvenir d'un petit bûcheron plus grand que nature de Fauquier, Ontario. Qu'il grimpe au rang de Jos Montferrand. Qu'il fasse la *runne* à Paul Bunyan. Chez nous on en a eu un vrai et on se rappelle qui il était. Il n'avait pas besoin d'être grand, notre géant. Il était Bucko Beauchamp.

C'est pas toujours les meilleurs qui l'emportent

Qui sait comment ça va aller
Où nos vies vont finir par mener
De nos efforts, va-t-on goûter les fruits
On n'a pas tous la récompense
Que l'on mérite pour la dépense
De nos espoirs et de nos énergies
Au bout du jour, les traces qu'on a laissées
Dépendent pas juste des bottes qu'on a chaussées

C'est pas toujours les meilleurs qui l'emportent
On donne quand même notre meilleur, peu importe
Ce coin de pays mérite mieux qu'on y a mis
On connaît notre valeur, et on attend notre heure

Quand on verra le bout de la route
La chose qui comptera parmi toutes
C'est pas de gagner, mais de ne pas s'être perdu
On fait ce qu'on peut, on fait ce qu'on doit
On remet mieux que ce qu'on reçoit
On s'est donné, mais on s'est pas vendu

Au bout du jour, le progrès accompli
Dépend pas juste du cœur qu'on y a mis

C'est pas toujours les meilleurs qui l'emportent
On donne quand même notre meilleur, peu importe
Ce coin de pays mérite mieux qu'on y a mis
On connaît notre valeur, et on attend notre heure

Tamara de Fauquier

Bonjour Grand-père Gagnon! Sais-tu que j'ai fait un long voyage pour revenir ici à Fauquier, te rendre visite, à ta dernière demeure? De la rue Grzela, je sens les regards étonnés des gens qui me voient plantée là, au beau milieu du cimetière, sous la pluie froide d'automne. Ils se demandent probablement pourquoi je n'ai pas attendu qu'il fasse beau pour venir prier sur ta tombe. Cher Grand-père, je ne suis pas ici pour te vénérer comme un saint, ou même pour prier pour le salut de ton âme. Si ma démarche ressemble à un geste religieux, il s'agit du plus primitif des rites. Je suis venue répondre à l'appel de la terre, des ancêtres, du sang. J'obéis à l'instinct qui me dit que les morts ne sont pas morts.

Grand-papa, toi qui es décédé avant ma naissance, tu m'as toujours manqué! Ta femme, Tamara, m'a si souvent parlé de toi, les larmes aux yeux, que c'est comme si je te connaissais. Tu sais, elle était inconsolable. Elle a porté ton deuil jusqu'à la fin de sa vie. Sur ta tombe, le jour des funérailles, elle aurait juré qu'elle ne se remarierait pas. Elle a tenu parole! Aujourd'hui, à quarante-cinq ans, je me demande comment, entre Tamara et toi, l'amour a pu être si fort.

Quand tu as tiré ta révérence, tu n'avais pas mon âge. À cette époque, la vie était brutale et souvent courte. J'aurais aimé te voir heureux, aux côtés de Tamara, cette femme si belle que tous les hommes t'enviaient. Mais la connaissais-tu vraiment, ta femme? Je sais que la réponse est non. Si je suis revenue à Fauquier, aujourd'hui, c'est pour te raconter tout ce que Tamara t'a caché, par sagesse sûrement, car si tu l'avais su, tu te serais cru indigne d'elle. Tu aurais été incapable de reconnaître l'amour.

Quand je regarde en arrière, dans mes souvenirs les plus lointains, je vois toujours en premier lieu la figure de cette femme qui a marqué mon enfance: Tamara Gagnon, la mère de ma mère. De ton vivant comme après ta mort, on disait de Tamara «la Finlandaise» qu'elle était «différente». Les gens du village s'amusaient de son accent inimitable. Tous pensaient qu'il provenait du finnois. Même moi. Maintenant, je sais que c'est plus compliqué que ça! Te souviens-tu que son français était d'une correction grammaticale si impeccable que le maire du village lui avait demandé de s'occuper de l'école du rang, celle qui a existé longtemps avant la construction de l'école Sainte-Jeanne-d'Arc? Elle n'enseignait plus quand je suis née, mais elle avait gardé sa déformation professionnelle. Elle corrigeait, sans jamais se fatiguer, ce qu'elle appelait mon «mauvais français». Et elle exigeait une diction précise. Pas de marmonnements! «Articule et fais des phrases, s'il te plaît! Les phrases, ça sert à se faire comprendre…»

Je ne tenais pas vraiment compte de ses remarques, car personne d'autre ne trouvait que je m'exprimais mal. Tout le monde me comprenait! Penses-tu vraiment que j'allais me faire remarquer en imitant sa manie de parler comme un livre? Jamais! Mais je dois admettre qu'il y a peut-être un lien entre son obsession grammaticale et le choix que j'ai fait d'entreprendre des études de littérature. Eh oui, c'est d'elle que je tiens l'amour des mots.

Tamara me racontait qu'elle était née en Finlande. Pourtant, elle ne ressemblait pas aux autres Finlandais connus dans la région : des bûcherons sans famille, vivant dans des camps au cœur de la forêt boréale. Je ne les voyais qu'à la fin de la saison de la coupe, quand il m'arrivait d'aller à Kap ou à Hearst. Ce qu'ils pouvaient dépenser en quelques jours ! Tout ce qu'ils avaient gagné y passait, enrichissant les vendeurs d'alcool et les tenanciers pratiquant la traite des Blanches. Tamara-aux-mœurs-irréprochables était pourtant de leur race. J'ai même entendu dire qu'elle avait deux cousins parmi eux : Minima et Pitkanen.

Tamara insistait pour que nous l'appelions Moumi, ce qui signifie « grand-mère » en finnois. Elle, qui était incapable de formuler une seule phrase en anglais, paniquait quand un étranger lui adressait la parole en cette langue. À part la bizarrerie de son intonation, son attachement obstiné au français correct et sa phobie de l'anglais, nous, ses petits-enfants, ne voyions en elle qu'une ménagère pratique, qui nous préparait des mets délicieux et nous forçait à trop manger. Oh, comme elle nous gâtait !

Puis, un jour, elle a été atteinte d'Alzheimer et d'une folie douce qui nous a révélé que nous ne savions rien de ses origines. Beaucoup de choses qu'elle avait réussi à cacher pendant toute sa vie d'adulte ont alors émergé par bribes, quand lui revenaient en désordre des souvenirs jusqu'alors enfouis. Ainsi, elle nous a parlé du courage de sa mère qui avait dû élever toute seule trois enfants en travaillant comme femme de ménage. Nous ne savions pas que Tamara avait deux frères. Dans son délire, elle pleurait en parlant d'eux, se culpabilisant parfois de les avoir abandonnés quand leur mère est morte d'épuisement. De temps en temps, elle se trouvait des excuses, se réconfortait du fait qu'ils n'étaient plus des gamins. Ils avaient quinze et dix-sept ans à l'époque; ils pouvaient se débrouiller tout seuls; et puis, ils n'admettaient déjà plus l'autorité de leur sœur aînée alors âgée de dix-neuf ans… Ils l'auraient forcée à vendre la maison familiale et à partager l'argent en trois parts égales. Dégoûtée de leur comportement, Tamara aurait décidé de recommencer sa vie ailleurs et se serait embarquée sur un navire en partance pour le Canada.

Et là, tout d'un coup, Tamara garda le silence pendant plusieurs semaines. Ce mutisme commençait à nous inquiéter quand elle se mit soudain à parler des dialectes que nous ne connaissions pas. Ma mère, qui avait appris un peu de finnois, nous assura qu'il ne s'agissait pas de cette langue. Comme je me doutais bien que Moumi n'avait pas régressé vers un babillage pareil à celui des bébés, j'ai décidé d'enregistrer ses discours insaisissables. J'étais alors étudiante en lettres françaises à l'Université Laurentienne. Je suis allée voir des professeurs du département des langues modernes et je les ai suppliés d'écouter mes enregistrements. À mon grand étonnement, l'un d'entre eux m'a appris que Moumi parlait parfaitement le russe et l'allemand. Il m'a dit qu'elle s'adressait à deux personnages, qui étaient probablement son père et sa mère, qu'elle appelait Alfred et Paula Khun. Elle leur répétait inlassablement: «C'est moi, Tamara Khun. Vous ne me reconnaissez pas? Vous ne vous souvenez pas de moi? Je suis rentrée du Canada. Vous m'avez tellement manqué... » Nous savions que la mère de Tamara, mon arrière-grand-mère, s'appelait Paula. Mais, dans la famille, personne n'avait jamais entendu parler d'Alfred Khun. Nous avions toujours supposé que le mari de Paula s'appelait Malkki, puisque Tamara portait ce nom avant de prendre celui de Gagnon.

Ces révélations m'ont étonnée. Mais j'ai renoncé pendant longtemps à percer le mystère des deux noms de jeune fille de Tamara. Un jour, le hasard m'a conduit à Paris, où je représente le Canada dans l'équipe du Secrétariat général de la Francophonie. Ce poste m'a donné l'occasion de retracer les origines de mon aïeule. J'ai consacré systématiquement mes vacances à cette recherche. J'ai ainsi pu effectuer maints séjours en Finlande, en Russie et en Allemagne, séjours au cours desquels j'ai pu rassembler les pièces du casse-tête. Une fois celles-ci réunies, il ne me restait plus qu'à résoudre cette question qui me tourmentait : Robert Gagnon, cet humble bûcheron de Fauquier, a-t-il jamais su ce que j'ai mis tant d'années à découvrir ?

Grand-père, laisse-moi te raconter pourquoi j'ai finalement conclu que Tamara Khun-Malkki-Gagnon ne t'avait jamais révélé l'histoire de son enfance. Si elle l'avait fait, même en obtenant sous serment ton engagement à ne jamais le répéter à personne, je suis certaine que tu aurais à ton tour passé le secret à un parent, ou à un ami, en lui intimant l'ordre de se taire — après tout, c'est la nature humaine ! Et ton confident aurait imité ton indiscrétion. Et, de fil en aiguille, la rumeur se serait propagée. Or, je n'ai rien découvert à Fauquier, même pas une rumeur permettant d'entrevoir un début de solution du mystère des noms de Moumi. Je suis donc certaine qu'au Canada, Tamara n'a révélé à personne la tragédie de sa jeunesse. Même pas à toi,

Grand-père Gagnon, sûrement parce qu'elle ne voulait pas ta pitié, mais ton amour. Elle a gagné son pari : tu l'as aimée au-delà de toute mesure. Aujourd'hui, j'estime que tu as le droit de tout savoir. J'irai à l'essentiel.

Paula Malkki, la mère de Tamara, devint très tôt orpheline de ses deux parents. À quatorze ans, elle quittait Helsinki et s'exilait en Russie, où elle fut engagée comme femme de ménage chez les Khun, une riche famille juive qui avait fui l'Allemagne pour des raisons faciles à deviner. L'antisémitisme ne date pas d'hier. La Russie a longtemps été une terre de refuge pour les Juifs. Dès le premier regard, Paula sentit qu'Alfred, le fils aîné des Khun, la dévorait des yeux. Il avait alors seize ans. L'attirance était réciproque, mais Paula redoutait un amour sans issue, vu la différence de leurs conditions. Pendant trois longues années, la vierge prudente est parvenue à éviter ce jeune homme, et rien de grave ne s'est produit. Mais un jour, Alfred Khun déclara à Paula qu'il était amoureux fou d'elle et prêt à tout pour la conquérir. Bien que terrorisée, elle en fut si flattée qu'elle répondit par son plus beau sourire au lieu de s'éclipser en faisant semblant de n'avoir rien entendu. L'engrenage était enclenché ! Ils devinrent la proie des flammes et l'inévitable se produisit.

À dix-sept ans, Paula tomba enceinte. Et ce qui devait arriver arriva : les maîtres trouvèrent inacceptable que leur fils s'entiche d'une servante. Pour étouffer le scandale, ils décidèrent de chasser la fille. Mais si fort était l'amour d'Alfred pour Paula qu'il déserta le toit familial pour la suivre. Il interrompit ses études en médecine, se trouva de petits emplois pour assurer la subsistance de sa bien-aimée qui, à terme, lui donna une adorable petite fille : Tamara Khun. Deux autres enfants, David et Jacob, naîtront de cette « union libre », car Alfred et Paula ne se sont jamais mariés officiellement. J'ai retrouvé en Finlande des cousins, descendants de ces grands-oncles. Ils m'ont beaucoup aidée dans ma recherche.

Alfred parvint à reprendre ses études sans cesser de travailler pour subvenir aux besoins des siens. Devenu médecin, il gagnait si bien sa vie qu'il offrit à sa fille Tamara, alors âgée de sept ans, une préceptrice pour lui apprendre le français et l'allemand. Née en Russie, Tamara avait déjà le russe comme première langue et, à la maison, sa mère lui parlait en finnois. À dix ans, elle pouvait se faire comprendre en quatre langues : le russe, le finnois, le français et l'allemand. Mais c'était peut-être trop pour une petite fille, fût-elle surdouée ! Je me demande si ce ne serait pas la raison pour laquelle, bien plus tard, Tamara se révéla imperméable à l'anglais. Je crois que, dans l'apprentissage des langues, elle avait atteint le point de saturation. Adulte, elle sentait qu'elle ne maîtriserait jamais une nouvelle langue comme celles qu'elle avait apprises dans son enfance.

Une tragédie devait mettre fin à cette jeunesse riche et heureuse. Tamara avait alors douze ans. Le Dr Alfred Khun, qui adorait l'équitation, se tua en tombant de cheval. Il eut la nuque brisée. Sans lui, Paula savait que la vie en Russie deviendrait infernale. Elle décida alors de retourner en Finlande avec ses enfants, auxquels elle donna son nom de jeune fille. Il valait mieux qu'on les considère comme des bâtards plutôt que comme des Juifs, russes par surcroît ! Car, à l'époque, l'hostilité entre Russes et Finlandais, tout comme les préjugés contre les Juifs dans la plupart des pays d'Europe, étaient propres à faire trembler. Tamara cessa donc d'être Khun pour s'appeler Malkki.

Grand-père Gagnon, j'imagine que sans la comprendre, tu devais voir l'infinie tristesse dans les beaux yeux de ta femme. Maintenant, tu le sais : c'était la tristesse d'être de nulle part. Née en Russie d'un père juif d'origine allemande, expatriée en Finlande puis au Canada, cette femme que tu as amenée vivre à Fauquier était citoyenne du monde, par la force des choses. Si elle ne t'a jamais tout dit, ce n'est pas parce qu'elle était cachottière. Je crois plutôt qu'elle ne voulait pas t'effrayer ou te faire fuir. Toi qui savais à peine lire et écrire, tu étais pour elle comme le rocher qui tient. Elle a porté trois noms : Khun, Malkki, Gagnon. Elle a parlé quatre langues. Elle a pratiqué trois religions : juive en Russie, car Alfred n'avait jamais renié la foi de ses pères ; luthérienne en Finlande, car Paula et ses enfants n'auraient pu être autre chose sans se couper de tout le monde ; et catholique au Canada français, parce que sans cela, votre mariage aurait été impossible.

Comme tu vois, dans la famille, je ne suis pas la première à mener une existence cosmopolite. Moumi Tamara m'a précédée. Peut-être même m'a-t-elle montré le chemin. Le monde était sa patrie longtemps avant ma naissance. Sur ses traces, j'ai compris que je suis juive, allemande, russe, finlandaise, canadienne-française... Et je suis aussi, fondamentalement, ce que Tamara est devenue au bout de son errance : citoyenne de Fauquier.

Melchior Mbonimpa

INCITATIF PÉDANT : FAUQUIER DE L'AVENIR

ANNIE-FRANCE BRAZEAU
Bonjour, ici Annie-France Brazeau, vous écoutez *Incitatif pédant*.

On entend le thème musical de l'émission.

Nous recevons aujourd'hui Gregory Rotheingham, du ministère des Opérations improbables et des Études interminables.

GREGORY ROTHEINGHAM
Bonj…

ANNIE-FRANCE BRAZEAU
Gregory Rotheingham, auteur de rapports incontournables dans le monde du fonctionnariat, vous avez notamment écrit un rapport sur la communauté de Mattice dans lequel vous préconisez l'ouverture d'une gigantesque buanderie pour laver le linge sale de toute la région, un rapport que vous avez intitulé *Les chemises de l'archiduchesse sont-elles sèches à Mattice ?*

GREGORY ROTHEINGHAM
Bonj…

ANNIE-FRANCE BRAZEAU
Vous êtes déjà monté sur scène à Las Vegas. Vous avez d'ailleurs passé la nuit en prison pour avoir interrompu Tom Jones.

Il va répondre. Elle enchaîne.

Vous êtes également un homme de science réputé : vous vous êtes vous-même greffé un estomac de plomb.

GREGORY ROTHEINGHAM
Un estomac de plomb ?

ANNIE-FRANCE BRAZEAU
Une jambe de bois !

GREGORY ROTHEINGHAM
Une jambe de bois !

ANNIE-FRANCE BRAZEAU
Un pied mariton !

GREGORY ROTHEINGHAM
Un pied mariton !

ANNIE-FRANCE BRAZEAU ET GREGORY ROTHEINGHAM
chantant

« Un pied mariton Madeleine, un pied mariton Madelon... »

ANNIE-FRANCE BRAZEAU
Et je pourrais continuer longtemps comme ça, mais je ne suis pas sûre que nous avons envie d'en savoir plus ! Gregory Rotheingham, bonjour.

GREGORY ROTHEINGHAM
Bonjour Annie-France.

ANNIE-FRANCE BRAZEAU
Gregory, vous venez nous présenter votre tout nouveau rapport qui vise à donner un second souffle à l'économie de Fauquier.

GREGORY ROTHEINGHAM
Absolument. Fauquier a le potentiel des plus grands villages.

ANNIE-FRANCE BRAZEAU
Et quel est le titre de votre rapport?

GREGORY ROTHEINGHAM
Pour venir à Fauquier, fauqu'i' ait d'l'avenir à Fauquier.

ANNIE-FRANCE BRAZEAU
Faut qu'on l'enferme! Dites-moi, qu'est-ce qui incarne le mieux l'avenir économique de Fauquier?

GREGORY ROTHEINGHAM
La marmotte!

ANNIE-FRANCE BRAZEAU
Une marmotte dans un rapport de développement économique, c'est du sabotage!

GREGORY ROTHEINGHAM
Non, c'est la mascotte de Fauquier. Vous avez remarqué qu'on a une grande marmotte sur le bord de la route.

ANNIE-FRANCE BRAZEAU
Oui, je voyage beaucoup, mais c'est la première fois que j'arrive dans un village pour être accueillie par une grosse marmotte. Ah non, c'est vrai, une fois à North Bay, j'ai été accueillie par Mike Harris.

Gregory Rotheingham
Fauquier a la plus grosse marmotte au monde! C'est l'inspiration des premiers Jeux internationaux de la marmotte.

Annie-France Brazeau
Après le Jour de la marmotte, ce sera les Jeux de la marmotte? Ça peut durer deux ou six semaines, tout dépend si le maire voit son ombre.

Gregory Rotheingham
Justement, les Jeux de la marmotte débuteront le Jour de la marmotte. La marmotte de Fauquier fera, elle aussi, ses prédictions pour annoncer la fin de l'hiver.

Annie-France Brazeau
Gregory, je dois vous avouer une chose: je ne suis pas une marmotte, mais je fais moi aussi des prédictions et je vous dis que votre projet est voué à l'échec.

Gregory Rotheingham
Pourquoi?

Annie-France Brazeau
Parce que je n'ai pas vu l'ombre du rapport.

Gregory Rotheingham
...

Annie-France Brazeau
Écoutez, Gregory Rotheingham, il y a déjà trop de marmottes qui font des prédictions le 2 février.

Gregory Rotheingham
Mais vous me prenez pour un imbécile?

Annie-France Brazeau
C'est vrai!

Gregory Rotheingham
Bien sûr qu'il y a trop de marmottes qui font des prédictions le 2 février ! Notre marmotte va devancer toutes ses concurrentes.

Annie-France Brazeau
Comment ?

Gregory Rotheingham
Elle va faire ses prédictions le 1er février.

Annie-France Brazeau
Gregory Rotheingham, vous voulez dénaturer le Jour de la marmotte qui est, je vous le rappelle, le 2 février.

Gregory Rotheingham
Mais non ! Le 1er février, notre marmotte va seulement prédire si elle va voir son ombre le lendemain.

Annie-France Brazeau
Et quoi encore ! J'imagine que vos Jeux de la marmotte auront une épreuve de creusage de tunnel.

Gregory Rotheingham
Absolument ! À chaque année, on va amener les dix plus grands criminels au monde. On les enferme chacun dans une cellule de prison avec une cuillère à thé. Le premier à sortir gagne sa liberté.

Annie-France Brazeau
Gregory, un peu de sérieux. Une cuillère à thé, ça n'existe pas.

Elle sort une cuillère.

Tiens, prenons celle-ci et interrogeons-la : « Dis-moi, cuillère, crois-tu qu'il existe un dieu suprême et ultime ? »

Prenant la voix de la cuillère.

Oh non, je ne crois pas.

Reprenant sa voix.

Mais tu es une cuillère athée! Une cuillère athée! Une cuillère athée...

GREGORY ROTHEINGHAM
Calmez-vous, Annie-France!

ANNIE-FRANCE BRAZEAU
Mais Gregory, pensez-y un instant, regarder des gens creuser un tunnel pour s'évader de prison, ça risque d'être endormant.

GREGORY ROTHEINGHAM
Et justement! Qui dit marmotte dit «dormir comme une marmotte». On va organiser un dormothon.

ANNIE-FRANCE BRAZEAU
Un dormothon?

GREGORY ROTHEINGHAM
Oui! Les gens vont venir hiberner à Fauquier.

ANNIE-FRANCE BRAZEAU
Hiberner?

GREGORY ROTHEINGHAM
On vend 200 places par année. Fin octobre, on enferme ce monde-là dans le gymnase de l'école Sainte-Jeanne-d'Arc et on ouvre les portes au mois d'avril.

ANNIE-FRANCE BRAZEAU
Ouh... Six mois à hiberner dans le village de la marmotte, ça va finir par sentir l'ours.

GREGORY ROTHEINGHAM
L'objectif secret de l'activité, c'est d'assurer l'avenir démographique de Fauquier.

ANNIE-FRANCE BRAZEAU
En hibernant ? Comment allez-vous faire ?

GREGORY ROTHEINGHAM
Chaque participant aura signé une autorisation pour prendre part à l'activité... et, en tout petits caractères sur la feuille, on aura inscrit que tous les enfants conçus pendant l'hiver sont la propriété exclusive de Fauquier.

ANNIE-FRANCE BRAZEAU
C'est monstrueux !

GREGORY ROTHEINGHAM
Exactement ! C'est la revanche des berceaux.

ANNIE-FRANCE BRAZEAU
Mais on ne peut pas baser l'économie de toute une communauté sur des gens qui creusent et des gens qui dorment.

GREGORY ROTHEINGHAM
Oh, mais la marmotte a plus d'un tour dans son sac. On va organiser des thérapies pour les gens qui ont peur de leur ombre.

ANNIE-FRANCE BRAZEAU
Bravo ! Le public cible à l'échelle de la planète est de 42 personnes.

GREGORY ROTHEINGHAM
Et qui dit marmotte dit mauvaise vue. À chaque année, on va organiser un grand congrès d'oculistes.

ANNIE-FRANCE BRAZEAU
Ah oui, je vois.

GREGORY ROTHEINGHAM
Et les gens pourront venir passer gratuitement un test de la vue à Fauquier.

ANNIE-FRANCE BRAZEAU
Oui. Je vois.

GREGORY ROTHEINGHAM
Et pour mieux représenter la nouvelle réalité, on va changer la pancarte sur la route à l'entrée de la ville.

Il montre la nouvelle pancarte.

F
A U
Q U I
E R P O
P U L A T
I O N 7 5 0

ANNIE-FRANCE BRAZEAU
Mais Gregory, c'est assez aride tout ça. Vous n'avez pas un petit côté culturel à vos projets ?

GREGORY ROTHEINGHAM
Vous lisez dans mes pensées, Annie-France ! Tous les mois de juillet, les gens vont venir de partout au monde pour assister à notre concours d'imitation de Roger Whittaker.

ANNIE-FRANCE BRAZEAU
Roger Whittaker ?

GREGORY ROTHEINGHAM
C'est ça !

Annie-France Brazeau
Je comprends qu'il existe des concours d'imitation d'Elvis, mais... pourquoi Roger Whittaker ?

Gregory Rotheingham
C'est un grand siffleux !

Annie-France Brazeau
Vous êtes complètement tordu, Gregory. Et l'histoire des ovnis qu'utilise Moonbeam, le village voisin de Fauquier, pour attirer des touristes, j'imagine que c'est aussi vous qui êtes derrière ça ?

Gregory Rotheingham
Non, ce contrat-là m'a échappé. Mais j'ai une grande admiration pour leur projet et j'ai décidé de détourner leur clientèle vers Fauquier.

Annie-France Brazeau
Pensez-vous vraiment qu'ils vont délaisser les ovnis pour la marmotte ?

Gregory Rotheingham
Oui, parce qu'on a de grands mystères ici aussi.

Annie-France Brazeau
Des mystères qui peuvent faire compétition aux objets volants non identifiés de Moonbeam ?

Gregory Rotheingham
Ah oui ! Sur la rivière Groundhog, on a des « ofnis » : des objets flottants non identifiés.

Annie-France Brazeau
Et qu'est-ce qui flotte sur la rivière qui pourrait intéresser les touristes ?

Gregory Rotheingham
On ne sait pas, on les a pas identifiés.

Annie-France Brazeau
Et ils vont arrêter à Fauquier pour ça?

Gregory Rotheingham
Pas seulement pour ça. Il y a, madame Brazeau, un mystère qui règne autour de la rivière Groundhog.

Annie-France Brazeau
Vraiment?

Gregory Rotheingham
Il y a, dans le fond de la rivière, une accumulation de billes de bois qui remontent à l'époque où il y avait de la drave sur la rivière.

Annie-France Brazeau
Attendez, je veux être certaine de comprendre. Il y a des billots de bois au fond de la rivière?

Gregory Rotheingham
Exactement!

Annie-France Brazeau
C'est parce que du bois, c'est censé flotter...

Gregory Rotheingham
Justement! On va récupérer ces mystérieuses billes qui coulent pour construire... des sous-marins!

Annie-France Brazeau
Des sous-marins en bois, oui! Ça va être des sous-marins bio! Imaginez la panique de l'équipage quand ils vont croiser un poisson-scie!

Gregory Rotheingham
Ah ben, les gros poissons, on connaît ça à Fauquier. Sur la rivière Groundhog on pêche l'esturgeon en aval pis de «l'ouesturgeon» en amont.

Annie-France Brazeau
Étonnant!

Gregory Rotheingham
Et on a une île à Poisson sur la rivière qui a un potentiel touristique.

Annie-France Brazeau
L'île à poissons maintenant. Vous allez me faire croire que vous avez des poissons qui vivent sur une île, des poissons terrestres?

Gregory Rotheingham
Non, ça s'appelle l'île à Poisson parce que l'ancien propriétaire s'appelait Poisson. Voyons, des poissons terrestres, ça n'existe pas.

Annie-France Brazeau
Et qu'est-ce qu'on y retrouve sur l'île à Poisson?

Gregory Rotheingham
Des ormes, des frênes, des fougères géantes et des sirènes!

Annie-France Brazeau
Gregory, vous avez reconnu que les poissons terrestres n'existent pas et là, vous me dites que sur l'île à Poisson, il y a des sirènes.

Gregory Rotheingham
Il y en aura. On va greffer une queue d'esturgeon à la reine du carnaval, et on va l'installer sur l'île à Poisson. Ça, ça va attirer les touristes!

ANNIE-FRANCE BRAZEAU
Vous vivez sur une autre planète Gregory. Qu'est-ce que vous allez faire avec les pieds de la reine et la tête de l'esturgeon ?

GREGORY ROTHEINGHAM
Euh… On les greffera aussi pis il se présentera aux élections.

ANNIE-FRANCE BRAZEAU
On me fait signe qu'il nous reste malheureusement assez de temps pour un dernier de vos projets pour Fauquier.

GREGORY ROTHEINGHAM
J'en ai plus pour Fauquier, mais j'en ai pour sa banlieue : Strickland.

ANNIE-FRANCE BRAZEAU
Qu'allez-vous faire à Strickland ?

GREGORY ROTHEINGHAM
On va y établir un camp d'été de discipline pour les enfants. Strickland sera comme Disneyland, mais en plus strict.

ANNIE-FRANCE BRAZEAU
Et vous avez imaginé un slogan.

GREGORY ROTHEINGHAM
« Strickland : vos enfants ne s'amuseront pas… ou vous serez remboursé. »

ANNIE-FRANCE BRAZEAU
Wow ! Je vais prendre la deuxième option.

Gregory Rotheingham
Ce n'est pas un choix! Parmi les activités du camp de discipline de Strickland, il y aura courir dans des pneus ou faire la file pendant deux heures sous la pluie avec une tranche de pain dans les mains.

Annie-France Brazeau
Du non-plaisir assuré! En terminant, Gregory, je suis surprise que vous n'ayez rien conçu à partir du symbole qui représente le mieux Fauquier : les deux ponts, le pont pour les voitures et celui du train.

Gregory Rotheingham
Ah, mais au contraire. Si des comptines ont pu mettre le pont d'Avignon sur la mappe, il n'y a pas de raison que Fauquier, qui a deux ponts, ne soit pas deux fois plus connue.

Annie-France Brazeau
Bien sûr, j'imagine une foule faisant une immense ronde en chantant : « Sur les ponts / De Fauquier / On y danse / On y danse / Sur les ponts / De Fauquier… » Ah! Le train s'en vient! Aaaah aaaaaaaaah aaaaah garglgglglglg!

La onze, la onze

La route d'asphalte et le chemin de fer
Et les deux ponts sur la rivière
Je les ai dans le coin de l'œil, toute la journée
À longueur de semaine, à longueur d'année

Et dans le creux de l'oreille, j'ai, jour et nuit
Les dix-huit roues, les trains qui crient
Ça fait longtemps qu'on n'arrête plus ici
Qu'il arrive plus de monde venu se faire une vie

Et je me rappelle les milliers de chargements
Tout le bois que nous envoyons depuis longtemps

La Onze, la Onze
T'as beau avoir deux voies
Tu emportes toujours plus que tu renvoies
La Onze, la Onze
Tu peux mener partout
Comment ça se fait que tu mènes pas chez nous ?

J'ai une petite job, qui rapporte juste assez
Pour payer le pick-up que je viens d'acheter
Ma blonde vient d'Ottawa, c'est rare, c'est icitte qu'elle veut rester
Mais c'est inquiétant, quand on entend que tout le Nord va diminuant

Faudrait qu'un jour, quelqu'un puisse m'expliquer
Comment ça se fait qu'on peut pas développer
Des industries ici comme celles d'ailleurs loin sur la route
Et puis comment ça se peut qu'ils pensent vivre mieux
Tassés dans le Sud dans leurs banlieues

La Onze, la Onze
T'as beau avoir deux voies
Tu emportes toujours plus que tu renvoies
La Onze, la Onze
Tu peux mener partout
Comment ça se fait que tu mènes pas chez nous ?

La Onze, la Onze
Où sont partis nos milliers de chargements ?
La Onze, la Onze
Vas-tu falloir que je te prenne finalement ?

Table des matières

Note de l'éditeur 5
Préface 27
Collaborations 19
Bienvenue au Salut! 21
Salut Gogama! 25
Salut Verner! 57
Salut Chapleau! 91
Salut Earlton! 125
Salut Iroquois Falls! 161
Salut Spanish! 195
Salut Sturgeon Falls! 231
Salut Fauquier! 267

Achevé d'imprimer
en novembre deux mille dix sur les presses
de l'Imprimerie Gauvin, à Gatineau (Québec).